德育教育与体育教学应用研究

田小静 著

吉林大学出版社
·长春·

图书在版编目（CIP）数据

德育教育与体育教学应用研究 / 田小静著. -- 长春：吉林大学出版社，2020.9
ISBN 978-7-5692-7692-3

Ⅰ．①德… Ⅱ．①田… Ⅲ．①德育－应用－体育教学－教学研究 Ⅳ．① G807.01

中国版本图书馆 CIP 数据核字（2020）第 222588 号

书　　　名	德育教育与体育教学应用研究
	DEYU JIAOYU YU TIYU JIAOXUE YINGYONG YANJIU
作　　　者	田小静　著
策 划 编 辑	米司琪
责 任 编 辑	柳燕
责 任 校 对	米司琪
装 帧 设 计	乐乐
出 版 发 行	吉林大学出版社
社　　　址	长春市人民大街 4059 号
邮 政 编 码	130021
发 行 电 话	0431-89580028/29/21
网　　　址	http://www.jlup.com.cn
电 子 邮 箱	jdcbs@jlu.edu.cn
印　　　刷	福建省天一屏山印务有限公司
开　　　本	787mm×1092mm　1/16
印　　　张	10.75
字　　　数	210 千字
版　　　次	2020 年 9 月　第 1 版
印　　　次	2020 年 9 月　第 1 次
书　　　号	ISBN 978-7-5692-7692-3
定　　　价	48.00 元

版权所有　翻印必究

前言

高度重视德育教育已经成为世界发展趋势，不论是发达国家还是发展中国家，都意识到了德育教育的必要性和迫切性，越来越多的国家纷纷采取各种具体措施，大力加强学校德育建设。例如，坚持德育的连续化和统一性，注重德育的实用性和实效性，强调内容的多样性与层次性等，都取得了一定的成效。在党和国家的高度重视下，在广大德育工作者的辛勤劳动、刻苦钻研下，我国德育工作取得了巨大的进步。另外，体育是立足于大学生身心和谐发展，将思想道德教育、科学文化教育、生活及体育技能教育与身体运动有机结合于一体的课程，是实现学校教育目标和完成人才培养工作的重要组成部分，对培养高素质学生有着不可替代的作用。因此，在体育教学中融入德育教育，培养学生的德行至关重要。

鉴于此，笔者撰写了《德育教育与体育教学应用研究》一书。全书在内容编排上共设置六章：第一章阐释德育教育的原理，内容涉及德育教育及其理论基础、德育教育与社会发展；第二章通过对德育教育的基本原则、德育教育的过程与品德的形成、德育教育实施方式与优化的解读，诠释德育教育原则，并优化实施方式；第三章围绕体育的组成与功能、当代高校体育的地位、目的与任务、体育与德育、智育的关系展开论述；第四章基于体育教学分析与体育教学设计的角度，研究体育教学的学生与教师角色、体育教学教材分析与内容选择、体育教学目标分析及其设计，以及体育课结构设计；第五章论述体育教学的组织方式、体育教学的主要方法、体育教学的重要手段、体育教学的评价，以及体育教学中的德育教育渗透；第六章对体育教学效率的优化与发展、学校德育管理进行了全面分析。

全书体系完整，深入浅出，重点突出，条理清楚，全方位、多维度、深层次地对德育教育与体育教学进行探究。本书在理论联系实际上有所突破，建立了有效、全面、科学的研究机制。

笔者在撰写本书的过程中，得到了许多专家学者的帮助和指导，在此表示诚挚的谢意。由于笔者水平有限，加之时间仓促，书中所涉及的内容难免有疏漏之处，希望各位读者多提宝贵意见，以便笔者进一步修改，使之更加完善。

作者

2020 年 8 月

目录

第一章　德育教育的原理阐释 ... 1
第一节　德育教育及其理论基础 ... 1
第二节　德育教育与社会发展 ... 4

第二章　德育教育原则与实施方式优化 ... 15
第一节　德育教育的基本原则解析 ... 15
第二节　德育教育的过程与品德的形成 ... 28
第三节　德育教育实施方式与优化 ... 40

第三章　体育及其与德育、智育的关系 ... 44
第一节　体育的组成与功能解读 ... 44
第二节　当代高校体育的地位、目的与任务 ... 47
第三节　体育与德育、智育的关系 ... 49

第四章　体育教学分析与体育教学设计 ... 52
第一节　体育教学的学生与教师角色分析 ... 52
第二节　体育教学教材分析与内容选择 ... 59
第三节　体育教学目标分析及其设计 ... 65
第四节　体育课结构设计 ... 75

第五章　体育教学组织及其德育教育渗透 ... 84
第一节　体育教学的组织方式 ... 84
第二节　体育教学的主要方法 ... 91
第三节　体育教学的重要手段 ... 103
第四节　体育教学的评价 ... 109
第五节　体育教学中的德育教育渗透 ... 130

第六章　体育教学效率优化与学校德育管理探索 ... 135
第一节　体育教学效率的优化与发展 ... 135
第二节　现代学校德育管理探索 ... 150

参考文献 ... 163

第一章　德育教育的原理阐释

德育是由社会决定的社会性活动。德育作为社会的一部分，在与社会其他部分的相互联系和相互作用过程中，显现出它的社会特性并发挥了它的社会作用。本章围绕德育教育及其理论基础、德育教育与社会发展展开论述。

第一节　德育教育及其理论基础

一、德育教育的内涵

德育就是道德教育的简称，其"德"指称道德，为历史形成的含义，"育"的重点在于培育，德育教育就是对于人的道德的培育，学校德育教育则是培养学生道德品质和道德行为的教育。[①]

在中国传统文化中，"道"原本就具有路的意思，最早出现于《周易·履卦》，有"履道坦坦"之句，《说文解字》曰"道，所行之道也"，后引申出社会发展或万物运行的规律、规则，有道理的意义，《老子》中通篇所提倡的"道"便是此意。"德"原谓"直心为德"，包含德行、节操的意义，也含有品行的动词指向。《礼记·乐礼》"礼乐皆得，谓之有德。德者得也"，"德"为依循社会规律或规范而进行的收到普遍认可的行为，"德"以"道"为原则，有"道者人之所蹈，德者人之所得"的关系，道为德之根本，德为道之外显，道德就是指社会生活中，依靠社会集体认知或个人行为规范协调人际关系，尤其是对于法律、权利之外的人际关系进行协调的一种行为准则。这种行为准则表现为社会集体认知的行为规范，也就是社会公德和个人相对稳定的人格表征，即个人品德。道德作为调节人的行为准则的特性使其具有了道德教育指向个体行为的特性。

道德教育与学校德育教育的关系错综复杂，道德教育就其重要性来说，是整个社会秩序正常进行的必要依据，因而其是一种社会责任，学生作为社会的一个群体，

[①] 贾玉芝. 基于培养学生核心素养的德育教育的实践与创新[M]. 沈阳：辽海出版社，2019.

社会对其具有进行德育教育的义务，学生的道德发展也主要是在社会活动中得到认知与形成。同时，学生的活动范围主要发生在学校，所习得的德育价值体系及行为观念更多地来源于书本及教师的间接经验，这使得学校成为学生接受德育教育的主要渠道，德育课程成为其德育价值体系形成的主要方式。

二、德育教育的理论基础

(一) 社会学理论

道德的作用在于协调社会中的人际关系，因而从社会学的角度观察和分析道德及道德教育意义重大。道德的作用在于维持社会秩序，个人通过道德体系的建立，在行动中产生参考与约束的作用，保证个人的行为规范符合社会标准，最终做到社会与个人的和谐。道德体系的建立主要通过德育教育实现，而儿童及青少年的德育教育是教育中尤为重要的环节。德育教育的目的就是通过教育使一定社会历史条件下的整体道德理想成为其知识与思想体系的一部分，将其培养成能够自觉遵循社会规范与履行社会责任的人，保证自身价值的实现与欲望追求的过程，在社会准许的范围内进行，做到实现个人利益的同时，保证集体利益的最大化。在进行德育教育的过程中，首先保证德育教育的积极参与性，但是在极度不配合的情况下，可以通过强制的方式使青少年接受社会行为规范，即承认灌输道德思想的正确性。学校道德教育中，教师处于经验和文化上的权威地位，需要履行社会强制的角色和义务，成为道德理念的传播者。

(二) 心理学理论

心理学从分析作用于人类行为观念的思想及心理的角度，解释了人类行为产生的内在因素，基于心理学基础上的德育教育，具有符合个体特征及整体社会意识的优势。以心理分析角度关注德育教育，主要有弗洛伊德精神分析学说及皮亚杰认知发展两种理论。弗洛伊德认为，人格划分为本我、自我、超我三部分，本我遵循先天本能及人类自然欲望，是无意识的；自我介于本我和超我之间，具有意识与思想，压抑本我使其符合超我的要求；超我则是符合社会伦理道德的人格结果，通过自我控制本我，压抑潜意识中不符合规范的、不道德的部分。青少年处于本我与超我观念冲突，自我调节作用显著的阶段，是人格认知与形成的关键时期，其道德体系的构建过程便是超我人格最终完善的过程，这一时期的教育，应以社会观念为导向，加强对于超我的规范意识的灌输，以达到合乎规范的控制本我的需求。这样的多重人格划分对于德育教育工作的进行有重要启示，并强调了青少年时期的人格特点，使德育教育更具备指导性。

皮亚杰的认知发展理论强调个体的发展过程，认为个体通过与环境的交互作用及对于自身经历的建构完成发展，道德的发展则是根据自身经历及社会关系、习俗、法律等判断出发，经历前道德阶段、他律阶段、自律阶段。德育教育的针对对象具备了基本的知识体系，对于社会道德有一定的认知基础，具备了理解规则的能力，能根据需求调节自己的行为，这一时期进行的德育教育对于德育认知具有关键性作用。皮亚杰的不同认知结构发展理论诠释了不同年龄阶段的知识结构及心理特征，为德育教育的进行提供了科学依据。

(三) 哲学理论

哲学通过对现实的理性思考，明确事物发展的一般性规律，解释原理并指导事情的进一步发展，其基于理性思考上的总结及反思，具有现实指导意义。以哲学的思维思考德育教育有着上千年的历史，大多数一般性的教育问题归根结底是哲学本身的问题，在德育过程中，思索"何为德育""如何进行最合理、最有价值的德育教育"，这是对于德育参与者、管理者及接受者的共同要求。关于德育教育的哲学理论，杜威发展了实用主义德育哲学。

道德是社会意识中的集体认知，是相对变化的，其本质是一种解决问题的观念，并不存在永恒的道德原则。杜威主张通过德育教育，使人成为具有社会责任感和完整自我机能的主体，其思想与行为习惯能够表现出德育教育的踪迹。将这样的哲学理论结合德育教育，表现出德育教育的目的性，其需要符合社会行为规范及国家对于青少年基本思想走向的要求，以达到"有用"的目的。

相对于杜威强调德育教育的"实用"性，让-保罗·萨特及马丁·海德格尔等人提倡存在主义德育哲学。他们强调人是作为自由的、独立的个体存在的，人具有自由选择的权利，这其中包括对于道德观念的选择。在德育教育中发挥学生的自主性，对于思想尚不成熟的学生也应如此，无论何种观念，只要其选择是出自自身意愿的，那么它就是合理的。存在主义以人的自由与存在价值为基础，在学校教育中提倡学校德育教育应关注教师及学生双方面的客观需求，使德育教育走出传统的被动式接受的模式，转化为学生具有主动性诉求的教授方式，达到保证学生自主性与积极性的目的。这样的学说关注了教师及学生两个不同的层次，尤其是加强了对于学生需求的关注，在近年德育教育实践中得到了广泛认可。这种学说强调理性与中立，要求教师及教育管理者不含个人情感地进行德育教育，给学生最为客观的德育理念，在注重了教育的科学性的同时，明显呈现出缺乏对于学生个体状况的分析。

第二节 德育教育与社会发展

一、德育与社会生产、科学技术、商品经济的关系

(一) 社会生产、科学技术、商品经济对德育的影响

生产力即生产能力，在社会生产中，生产力不仅是最具活跃性的因素，也是社会发展的决定性力量。科学技术是第一生产力，可以从原来以知识形态存在的潜在生产力转化为现实的生产价值。科学技术属于科学领域范畴，是能够反映客观规律的经验和知识。社会生产、科学技术以及商品经济的发展是促进社会经济快速发展的强大动力，同时，也对德育的进步和发展产生一定的制约影响和推动作用。其中，制约影响体现在人们的思想道德受到了制约和影响，推动作用在于德育教育的发展具备基本的物质条件和科学技术知识。具体而言，社会生产、科学技术和商品经济的发展对德育教育所产生的制约影响作用主要体现在以下几个方面。①

1. 对德育目标的制约和影响

社会生产和科学技术是影响人们生活水平和劳动方式的决定性因素，对德育目标也产生直接影响，要求德育培养人们吃苦耐劳、勤俭节约、坚韧不拔和诚实守信等优秀品德。比如，在原始社会时期，人们只能通过采集渔猎的方式维持生存，生产水平严重低下，获取、制作食物也是困难重重，因此，原始社会的人们一定要养成吃苦耐劳、英勇顽强等良好品德。在自然经济条件下，农民所从事的生产活动基本上都是小规模的，利用简单的手工工具进行农业活动，因此，农民作为小生产者逐渐养成了很多优秀品德，如纯朴、坚韧、勤俭及诚实等品德，这也是当时德育目标的要求所在。

除此之外，商品经济的发展水平也是影响和制约德育目标的重要因素。现如今，物质资料的生产情况与人们的生活水平越来越社会化、科学化。人们主体意识和主体地位的形成与发展，对德育教育发展提出了更高的要求，要求德育教育能够培养出从事社会化大生产、科学技术活动及商品经济活动的优秀工作人员，并具备相应的科学精神、团结协作精神、良好的思想道德品质、创新思维方式和自由、平等、民主的观念等。为了实现培养目标，培养社会成员具备这些优秀品德，社会化大生产、科学技术活动和现代商品经济活动为德育教育的发展提供了基本的物质基础、

---

① 胡厚福. 德育原理[M]. 沈阳：辽宁大学出版社，2000.

科学技术知识基础及现代精神文化基础等。

2. 对德育内容的影响

社会生产、科学技术及商品经济的发展不仅打破了人们传统的思想观点，使德育教育内容得到更新，促进了德育教育的快速发展，还改变了人们的社会关系、社会结构及生活方式等。比如，科学技术的应用有利于提高社会生产力水平，将小生产改变为大生产；经济发展形态也发生改变，从早期自给自足的自然经济逐渐改变为现代商品经济。此外，人们的社会关系和生活方式，尤其是自然经济条件下所形成的依附关系和原始的生活方式也发生了改变。最重要的是，它们提高了人们的生活水平，促进经济快速发展及人类全面发展，逐渐形成与科学化的机器大生产和商品经济相适应的具有独立性、科学性和民主性的思想，并将这些思想观点与德育内容进行充分结合，实现德育内容的更新和扩展。在不同的社会制度和阶级层面下，社会各行各业对科学技术的发展成果和应用过程的思想观念也各不相同，这主要与政治经济制度有关。社会主义的科学发展观实际上是对资本主义科学和民主观念的超越。然而，在现代社会发展过程中，德育教育既培养人们具有科学、民主、自由的思想和法纪观念，还促进人的全面发展和精神解放，这是社会生产、科学技术和商品经济等方面发展的客观要求，也是人类进化和事物发展过程中不以人主观意志为转移的规律体现。

社会生产、科学技术和商品经济的发展使德育教育的内容更加丰富和多样。现代科学技术的发明与应用，促进了社会生产力的改革发展，商品市场和劳动市场出现大幅度变换和流动。此外，职业和行业的更新也非常显著，某些传统职业和行业迅速消失，出现了一些其他新兴职业与行业。在这种情况下，某些职业道德规范必然随之变动，与此同时，人们的思想观点和就业观念也发生变化，促使德育内容更新、扩展。除此之外，在现代科学技术的发展过程中，出现了很多新的伦理、政治和法律问题，引发人们思想道德观念和德育内容的改变。现代生态学的发展使生态伦理学逐渐形成，人们对保护环境的重视程度愈加强烈，并要求通过法律的方式保护人类赖以生存的环境，这也是人类共同意志，因此保护环境的法律观点与生态伦理学的理论观点也具有一定的联系。现如今，在我国医学领域的发展中，试管婴儿的问世受到了人们的广泛关注和高度重视，有关试管婴儿的伦理道德问题和法律问题成为人们经常讨论的热门话题……与科学技术相关的政治、法律和道德等观点问题，必然对德育内容产生直接积极影响，丰富、扩展德育内容。

3. 对德育社会形式、规模和结构的影响

社会生产、科学技术及商品经济的发展水平对德育教育的社会形成和发展规模有决定性的作用，这些因素直接影响德育发展过程中所需要的资金支持、物质条件、教育对象和时间精力等。在原始社会时期，德育教育通过氏族家庭和部落而展开，也就是说，德育教育与生产劳动、社会生活充分融合，这种家庭式德育和生活式德育形成的原因在于当时社会生产力水平低下、物质生活资源匮乏等。

知识教育和品德教育之所以能够持续发展，并通过学校的形式而展开，主要是由于社会生产、科学技术及商品经济的发展，为学校提供了大量的物质条件，为学校奠定了深厚的知识基础。普及教育不仅是传授理论知识，更重要的是，针对学生展开品德教育等其他素质教育。在现代教育中，若缺乏丰富的物质条件及教育的主客体，那么学校制定的德育目标将无法实现，更不可能对广大人民群众实现品德教育，即使应用现代先进的科学技术和传播媒介，也无法实现对社会民众进行跨时空领域、超越学校资源，具有广泛性和普及性的品德教育。

4. 对德育方法的影响

在原始社会时期德育方法相对单一，常见的有"口耳相传"和"长者施教"。然而，随着社会生产力的发展和科学技术水平的提高，以及文字和竹简、绢帛的出现，尤其是造纸术和印刷术的发明，读书指导法的引进，德育方法也随之得到优化和创新，体现出显著的直观性、形象性和陶冶性等优势特征。在现代社会发展进程中，社会生产力水平的提高、先进科学技术和信息技术的应用，使德育教育的时空范围和对象都得到扩展，知识的传播速度加快。德育教育方法似乎不需要教育者施教传道，教育者的作用和价值处于隐没状态。在现代商品经济条件下，自由、民主、科学的思想观点和法纪观念不仅成为现代德育方法的指导思想，而且现代德育方法也体现出科学性和民主性等特征。

（二）德育对社会生产、科学技术和商品经济的影响

通过培养人的品德、向社会传递思想道德的标准，德育对社会产生了正面的影响，同时也对社会诸多方面产生影响，德育的影响主要体现在以下方面。

1. 对社会生产的影响

生产力是人和物相互作用、相互影响的产物，人是生产过程中的劳动者，物是生产过程中需要的劳动资料和对象。在生产过程中，人具有主观性、能动性。生产

资料一般包括劳动工具和生产工具，受劳动者的控制，需要劳动者运用自身的能力去制造、改进甚至再创造。劳动者如何生产、运用生产资料取决于劳动者本身的劳动能力，劳动能力的高低取决于人的体力与智力，人可以通过自己的主观意识与能动意识来决定如何控制生产、创造、制造过程。而且人的主观意识、能动意识则受人的品德形成的精神力量支配，可以说，人劳动能力的应用离不开人的品德。通过与生产力有关的德育（现代专业思想、职业道德、职业理想）的培养，在生产劳动的过程中实现对人体潜藏体力、智力的价值激发，人通过职业意识、职业意志、品德的支配，将生产使用价值转化为具体的生产制造力，实现人精神力量向物质力量转变。通过德育培养，加强劳动者的职业教育，直接提升劳动者品德，进而提高生产力。

德育对于现代生产劳动具有巨大的能动作用。假设负责简单的手工生产劳动的劳动者，德育可以通过生活式来培养，那么从事大型生产制造的劳动者德育则需要专业的学校教育进行长期专业的培养，而且必须坚持德育培养训练。德育是基于推动社会现代生产和社会现代生产力发展的现代教育之一，它的发展也是为了培育生产劳动者的职业品德、更好地作用于生产力。新时期下，我国不断建设物质文明和精神文明，全方位提高民众的思想道德高度、科学观和文化素质，精神文明建设极大地推动了德育在现代生产制造中的发展。

2. 对科学技术的影响

科学技术人员也需要德育培养，科学技术人员作为科学技术的生产者、应用者，他们的德育水平直接决定着科学技术的成果应用，决定着科学技术是否能够应用于科学技术活动，通过何种方式应用于科学技术活动，能为科学技术带来何种程度的助力。不仅如此，德育建设的好坏还关系着科学技术人员的研究进度、研究成果、研究成果质量和研究成果数量等，甚至研究效率、效益等因素也都受影响。通过科学技术发展史和科学技术活动实践证明，在客观条件相同的情况下，科技人员的智力水平相近，但科技人员接受德育教育水平的差异对科研结果的质量、效益、效率有巨大影响。综上所述，科技研究成果对德育有巨大的需求。中国目前的教育模式，首先，在学校教育中，通过品德德育课程对科技研究人员进行德育培养，当科技人员进入到工作岗位后，接受来自科技单位的德育再培养。现在的教育模式双管齐下，一边对能生产出科技成果的科技人员进行知识能力培养，同时加强德育教育，通过双管齐下，培养出能推进科学技术发展的科技人员，将科技人员的知识力量转变为具体的生产力，变成物质力量。在建设新时代中国特色社会主义的今天，以科学发展观进行科学知识、素质的同步教育具有深远意义，通过知识与德育教育的相互影响、相互协作，促进科学技术正向发展，推动我国特色社会主义建设。

3. 对现代生产、现代技术、现代商品经济发展的影响

现代社会，德育教育以传播科技意识、培养生产观念、培养经济观念为教育方式，帮助人们养成适应现代社会发展的民主、科学精神，法律、纪律观念，社会集体责任感和协助合作等观念，从观点、气质、态度、行为习惯、思维方式等方面为现代生产、科技、经济发展等活动提供思想道德的基础和基本保证，保证在现代社会可以顺利开展科技活动，适应现代生产节奏。

现代生产与现代科技、现代商品经济联系紧密，是以现代科技为基础的大规模社会化生产。现代生产的顺利发展除基础科技知识外，还需要通过德育教育打破传统小生产观念、计划经济观念和自然经济观念，树立热爱科学、尊重科学发展观的科学观念，重视科技人才的培养；树立自由、平等、民主、法制、诚信、统一发展的社会观念；树立讲究质量好、效率高、效益好的效果观念；树立有社会责任感、集体主义感的集体观念。通过树立观念，为现代生产提供优秀的思想基础，保障现代生产有序进行。

在现代生产过程中，要求生产者要有现代生产观念，适应现代生产的大规模、协作生产、系统化生产，要有整体意识，必须抛弃传统小作坊或个体手工的生产观念、行为习惯与思维方式，否则将无法与世界竞争。世界竞争是激烈、残酷的，要想在竞争中存活、发展、进步，需要积极调动中国企业家的能动性，中国的企业家应注重大众想法，通过听取别人的看法和意见建议，改进自己的工作想法和方式。提高经济发展速度需要提高企业家的思想意识，激发企业家的积极进取精神。目前中国的企业家将科学发展观念贯彻执行得很到位，在企业管理方面引入激励制度，通过激励与奖励，调动员工工作热情，为企业创造更大的经济价值。

4. 对环境和人类安全的影响

随着时代的发展，社会生产得到了巨大发展，新的科学技术为我国发展提供了巨大的助力，也为民众的生活带来了巨大的便利。但是，新的生产力和科技的力量巨大，如果不能给予合理的引导、调节和控制，力量可能会发生"变异"，对社会生产力的发展造成阻碍，尤其是会损害到人类的安全、利益、幸福感甚至是生命，以致自然、生态失调。为了预防社会的不平衡发展，需要建设德育教育，通过传达集体主义思想、科学发展观念来提高整个社会的思想水平，形成良好的社会风气。增强社会民众的责任感、参与感，不仅能够保证现代生产生活的顺利、健康推进，还能形成巨大的社会合力。人民齐心协力，推进、增进人民幸福，保护我们人类赖以生存的环境和生态安全，为人类的可持续发展提供有力保障。

二、德育与政治经济制度的关系

在物质生产过程中，人与人形成的客观的、不以人的意志为转移的经济关系是生产关系。经济基础是指由社会一定发展阶段的生产力所决定的生产关系的总和，通俗来讲，它属于生产关系的一部分。而上层建筑依赖于经济基础而形成自己的统治地位，从而得到巩固和发展。上层建筑包括阶级关系（基础关系）、维护这种关系的国家机器、社会意识形态，以及政治法律制度、组织和设施等，政治上层建筑居于主导地位。

(一) 政治经济制度对德育的影响

1. 影响德育的社会阶级性质

在原始社会，德育的社会阶级性质主要体现在平等性、公共性等层面，这是由于原始社会通常采用生产资料公有制的分配制度，且部落、氏族中每人机会均等。而对于当代的社会主义社会来讲，国家政权、生产资料归属于社会劳动群众、工人阶级，进而使德育带有了社会主义性质，体现了民主、平等以及自由的特性。

2. 影响德育的目标

原始社会的德育目标，是希望部落内的每个成员都能够遵守一定的风俗习惯、文化传统及思想行为准则，确保部落的整体利益，培养氏族英勇作战的品质。在阶级社会中，在经济、政治方面占据主导地位的阶级拥有对社会生产资料、国家政权的掌握权，他们要求社会上其他阶层按照他们的意愿开展德育工作，进而在社会上传播他们的道德思想，从而使社会群众服从相应的政治经济制度，培养相应的道德品质。欧洲中世纪时期，强调节俭、勤劳、忍耐、绝对服从及信仰上帝的德育目标。资本主义社会希望社会群众培养资产阶级的博爱、平等、自由及民主的思想品德。

3. 影响德育的内容

德育工作内容主要根据德育目标来确定，而这个目标又是由政治经济制度决定的。因此，政治经济制度能够对德育内容产生根本性影响。在阶级社会中，统治阶级能够掌控国家政权、生产资料，为社会培养具有顺应统治阶级经济社会制度的思想品质的人，因此，在阶级社会的德育工作中，德育内容通常是符合本阶级的思想道德内容的。而在社会主义社会中，德育内容主要是符合社会主义制度要求的法纪道德规范、思想政治准则等，这是由一定的社会背景、条件所决定的。德育内容由社会情况所决定，因此，阶级社会中不会存在永恒不变、抽象以及超阶级的德育内容。然而，在各民族、阶级、国家及社会中，所开展的德育内容也具有一定共通性。对于各个阶级来讲，所实施的德育工作不仅存在差别、对立的内容，还具有一些相似之处，而这些具有相似性的内容通常是依照统治阶级的利益而设置的。

4. 影响德育方法的性质和特点

与德育内容不同，德育方法并不会受到政治经济制度直接、强烈的制约。然而，德育方法的实施体系还是会受到政治经济制度特点、性质等方面的制约。社会主义社会强调人民当家作主，以人民为中心的德育内容，从而培养人民成为积极、具有主人翁意识的社会主义建设者。因此，社会主义社会中采用的德育方法应以民主、科学为中心，通过说理性、启发性的社会主义思想道德，教育人们形成友爱合作、团结互助以及民主平等的社会关系，使社会主义思想道德内化为人民群众的道德品质。

(二) 德育对政治经济制度的影响

德育不仅受到政治经济制度的影响，还对其产生一定作用，主要体现在以下三个方面。

1. 培养符合社会政治经济制度要求的人

德育能对社会政治经济制度产生一定的积极、能动作用，而这种作用主要是通过培养符合一定社会发展阶段的政治经济制度要求的人来实现。通过德育工作，教育者可以使符合社会政治经济制度要求的道德品质内化为受教育者内心的思想道德，并将人放在政治经济关系中，为其做出相应贡献，使一定社会发展阶段的政治经济制度得到巩固与发展。

2. 培养社会的政治领导人才

各阶级与各社会发展阶段，都需要培养大量德才兼备的人才，从而推动社会快速、稳固地发展。当然，从事经济、政治等这些领域的人员更应该受到德育教育。在德育教育中，学校德育最为重要，学校通过智育、德育两者有机结合，根据一定社会发展阶段的政治经济制度要求，培养学生成为具有相应社会道德素养的人才，从而为社会各个领域填补职位空白。尤其是教育科学文化、政治经济等管理活动，能使社会政治经济得到巩固和发展。而资本主义社会所展开的德育教育工作，则需要培养符合资产阶级道德素养的人才，促进一定社会政治经济活动的展开和管理，稳固社会政治经济制度。在我国的社会主义建设时期、社会主义革命时期以及新民主主义革命时期,德育主要是为了培养忠于革命、忠于党、忠于人民群众利益的有效干部,进而可以更加有效地参与到革命、建设工作中,使得社会主义政治经济制度得到快速、稳定的发展。

3. 传播一定社会的思想政治观点

社会经济基础能够有效地反映出一定的社会舆论性质、倾向、社会意识以及政治观点。社会经济基础是社会舆论、社会意识及政治观点等上层建筑赖以产生、存在、发展的物质基础。社会经济基础在社会占据主导地位,要求人们在德育教育工作中形成这种思想道德品质。社会上层建筑能确保社会经济基础得到巩固、发展,是其必不可少的思想、政治条件。社会德育、学校德育通过对人的德育宣传,使人们了解符合社会政治经济制度要求的社会意识与政治观点,并通过社会舆论作用,使社会大众的思想观念、社会的道德风尚和思想面貌发生转变,适应于相应的政治经济制度。事实上,不仅是当代社会注重德育教育工作,传统社会也强调德育的重要性,它们都对其在巩固发展政治经济制度、影响社会道德风尚和思想面貌、舆论制造、群众以及思想等的宣传方面给予高度关注。因此,社会大众应该高度重视社会主义德育对社会政治经济制度的巩固、发展方面的重要性,从而形成与社会思想政治观点相符合的思想品质。

虽然德育教育工作能够对社会政治经济制度产生一定的影响,但并不能起到决定性作用。德育是社会上层建筑,依赖于一定的社会经济基础而产生,是巩固、发展经济基础的重要思想和政治条件。上层建筑并非永恒不变,它由一定社会统治阶级而决定,所以只能在一定轨道、范围内发挥作用,不可能超越这个范围。对于社会发展来讲,若生产关系适应一定的生产力发展规律、根本性质,那么就能推动社会向积极方向发展。因此,从这一角度来讲,德育无法对一定发展阶段的政治经济制度产生决定性影响,只能对其起到延缓或促进的作用。

详细来讲,德育所服从的政治经济制度只要符合一定的社会形态,就能够起到积极的推进作用。因此,在社会主义社会中,人们应该充分认识德育在政治经济制度中的重要性,并自觉参与到教育活动中,使一定社会的政治经济制度得到巩固和发展。

三、德育与社会意识的关系

(一) 社会意识对德育的影响

社会意识限制、约束着德育的目标、内容、功能、方法等方面,下面笔者主要从以下几个重点社会意识角度出发进行详细阐述。

1. 哲学观点影响德育的根本观点和方法

纵观人类历史发展历程可以发现，每个社会形态及时代背景下都有其独一无二的主流哲学观点，并受其影响形成了独具特色的德育观点及方法。即使处于同样的社会背景下，每个人的哲学观点也千差万别，而与之相应的德育观点及方法同样大相径庭。比如，我国先秦时期，哲学观点百家争鸣，关于人类本性的探讨也各执一词，形成了很多不同的德育观点及方法：强调人性本善的哲学观点认为，道德修养就是找回人失去的"本心"；而强调人性本恶的哲学观点则认为，道德教育要通过后天努力来改造人的本性。近代西方时期的"纯粹理性"观点倡导以理性为主导，重视人类意识品质的培育，轻视生活经验及规章制度的约束意义。我国当前推行的德育体制是在马克思主义哲学理论基础上创设的，深受其科学世界观和方法论的影响。

2. 政治思想影响德育的目标和实施内容

政治思想直接代表着不同时代的社会经济制度及各个社会阶层之间的利益结构，是社会意识的核心，极大地感染和限制着其他社会意识、德育尤其是德育目标及内容的形成与发展。资本主义国家推行民主的政治思想，主张言论及信仰自由、律法平等、尽可能地保护所有公民的利益等基本原则，并在此基础上制定了全新的德育目标及内容，将德育的重点工作确定为引导和帮助人们建立人人平等、自由公正、宽仁博爱等价值观念。社会主义国家的核心政治思想是共产主义，这既是人类最理想、最高级的社会发展目标，也是无产阶级政治思想的集中体现，更是社会主义德育工作有效开展的主要指导思想。

3. 社会意识影响德育的具体内容

社会意识直接决定着德育内容，德育内容是筛选、处理、完善后形成的在当前及未来社会发展过程中具有深远教育指导意义的社会意识及相应的行为规范。失去这些意识和行为支撑的德育内容不可能存在，德育也无法实施。社会意识对德育至关重要的影响作用，就是借助德育内容对其进行筛选和处理来实现的。决定德育内容性质及其教育程度的主要因素就是社会意识，其次才是社会经济发展形态和国民生活水平。社会存在对社会意识的形成起着决定作用，但所有的生产、生活方式及规章制度对德育的影响都是间接的，都需要借助由其产生的一系列社会意识来实现。由此可见，社会意识与德育内容之间具有直接联系，前者直接决定着后者的性质和水平。

4. 社会意识影响德育实施的精神文化环境

德育的顺利开展离不开环境的支持。不同社会意识间相互碰撞产生的实际关系和氛围就是一种独特的精神文化环境，对德育的有效开展发挥着举足轻重的影响作用。这种作用隐性而持续，在很大程度上影响着人们思想道德品质和价值观念的形成。人的成长和发展离不开周围思想观念、精神文化、传统风俗、生活习惯等关系及因素的感染和影响，在这些关系的长期共同作用下形成了一个人独有的思想观念、价值取向与人格特质。同时，人在长期社会生产实践中总结积累形成了反映客观事实和规律的一系列自然、社会科学知识及人文艺术等，它们都为德育的有效开展提供了坚实的文化基础。另外，基于社会意识而产生的各种实践行为是开展德育的重要方法，也对德育的开展创造了一定环境条件。综上所述，环境对德育的开展和人格的塑造具有深远意义。

(二) 德育对社会意识的影响

德育既受社会意识的制约，同时它也积极能动地作用于社会意识。这种影响主要表现在以下方面。

1. 传递社会意识

德育可以将优秀、有价值的社会意识有效传递给教育客体及普通民众，通过长期接触、学习和感悟，在潜移默化中将这些先进意识内化为民众自身的思想意识及行为准则。同时，借助这种广泛、持续的传播形式，能够有效地传承社会意识，并结合当时的社会实际和需求进行不断调整和优化，使其得到更好的发展。比如，我国的儒家思想就是借助各种形式的德育手段，在数千年历史发展演变中仍然屹立不倒，影响着一代又一代中华儿女的思想意识，并已走出国门，作用越来越突出广泛。由此可见，这种传承作用不是一成不变的复制粘贴，而是一个不断优化和发展的过程，使其产生的作用越来越广泛且深远。

2. 优化、升华社会意识

德育并不是对所有社会意识都进行无差别的传播。德育内容是在众多社会意识中经过慎重筛选、科学处理而形成的优秀的、精华的、有重要教育意义的意识。要客观认识、精准把握所有社会意识，摒弃或改良对社会发展需要及健康人格形成有消极阻碍作用的部分，有效传承和吸收有积极促进作用的部分，促使社会意识在不断地优化调整过程中得到有效提升。当前我国社会的德育内容在有效传承和吸收人类历史发展过程中形成,代表普通民众的利益,强调宽容、自由、平等社会意识,是一种经过升华的社会意识,符合当前社会主义建设和发展的步调与需求。

3. 创造、发展社会意识

德育过程在某种程度上就是一种社会意识的创造和发展过程。大多数教育主体在传授教育内容的过程中,为了帮助教育对象高质量、高效率地理解和吸收这种思想意识,通常都会有意或无意地加入一些自身的感悟和体会,使原有的思想意识得到进一步的拓展和丰富、创新和发展。将这种得到发展的社会意识,如教育与体育、美育等教育内容有机结合起来形成综合性的教育体系,培育出符合当代社会发展需要的专业技能扎实、思想品德优秀的复合型创新人才,反过来又会推动社会经济和意识形态的发展。这也是创造和发展社会意识的重要意义所在。

第二章　德育教育原则与实施方式优化

德育本身包含着政治思想和道德品质两个主要方面，德育教育是要让学生拥有一个正确的人生观念和方向，不断地朝着这个方向去完善自己，让自己拥有更加正确的道德品质和综合素质。本章主要论述德育教育的基本原则、德育教育的过程与品德的形成、德育教育实施方式与优化。

第一节　德育教育的基本原则解析

一、知行统一原则

知行统一原则以辩证唯物主义的认识论为理论依据，是德育过程中的重要原则。这一原则不仅是一种德育原则，更是对学生行为的规范，注重学生实际锻炼，有利于培养学生良好的品德行为。[1]

(一) 提出依据

随着社会的不断进步，社会文明也得到了相应发展，教育是社会文明进步的重要方式和手段。教育也越来越重视学生的品德，学校教育对德育的重视度越来越高。本文的德育是指学校德育，是指教育者按照一定的社会或者阶级要求，有目的、系统地对受教育者在思想、道德等各方面施加的影响，让受教育者能够获得积极的认识与体验，是一种有目的地培养受教育者品德的活动。德育的培养首先要让学生对品德有一定认识，让学生明白德育的意义。同时，德育活动的开展也需要正确、科学的理论进行必要的指导，以马克思主义的理论武装学生，培养良好品德，让学生在实践活动中巩固理论，做到知行统一。

---

[1] 曹英，尹海. 学校体育教学自组织控制理论与改革尝试[J]. 教学与管理(理论版)，2019(9)：92-94.

(二) 贯彻要求

1. 联系实际，论清理论

德育是社会在各个发展阶段一直存在的教育现象，具有社会性的特点。德育随着社会的发展变化而变化，也具有历史性的特点。德育是对学生进行思想、道德、政治、心理等各方面的教育，有利于引导学生逐步确立科学的人生观、世界观和价值观，提高社会觉悟，培养良好品德。德育需要理论与实际相结合，共同发挥作用。一方面，德育需要有一定的理论基础，我国马克思主义基本理论能够为德育提供理论基础，此外，为了让学生进一步掌握德育方法，必须学会掌握和运用马克思主义基本理论和社会主义政治和道德规范，帮助学生确立正确的基本立场、观点和方法。除了需要学习理论之外，学生也要适当加强实践锻炼，亲身体验事物的变化过程，需要正确的标准对其进行分析和评价。因此，学生良好品德的培养需要理论知识作为指导，也需要实践精神多加锻炼。

2. 组织学生参加实践活动

知识的学习是为了更好地应用于实践活动中，知识与实践的结合能够让学生更加深入地掌握知识。，实践也是学生学习活动的重要形式。实践活动的具体形式根据不同的学习目标进行了划分，包括社会政治活动、公益活动等。实践活动在一定程度上也是实践教育，通过参加各类实践活动，学生能够学到很多在课堂上学不到的东西，同时也能够将所学的知识同社会实践相联系，加深对课堂学习内容的理解，能够更好地锻炼学生的实践能力。

3. 教导学生言行一致、知行统一

学生良好品德的培养需要教师进行引导。教师是教育活动的主导者，在教学过程中，教师要引导学生树立正确的思想观念，要对学生的观点、行为等进行合理的规范，并且在实践活动中对学生的行为进行指导，让学生做到言行一致、知行统一，养成良好的品德行为习惯。

二、因材施教原则

因材施教原则也是德育原则的一种，是指对学习的人的志趣、能力等具体情况进行不同教育。在教学活动中，主要是指教师在教学过程中要从学生的实际情况出发，尊重学生的个别差异，有针对性地进行差别性教学。因材施教是教学中的一项

重要教学方法，教师要选择合适的教学方法进行教学。

(一) 提出依据

在不同的学习场所中，不同类型、不同学习水平的学生拥有的学习能力有所不同。学生知识基础不同，在性格、个性等方面也存在差异，这就需要教师灵活教学。在实施教学行为之前，首先应了解教育对象的志向和才能，根据学生的特点和个别差异进行教学，各尽其才，发挥开发人才的作用。除此之外，教师开展教学活动应以学生为主，坚持从学生实际出发，德育也是如此，要从学生的实际品德状况出发，针对不同类型的学生进行不同方式的教育，结合学生身心发展年龄特征和其个性特点。同时，应把共产主义方向性和从学生出发的针对性相结合，使学生形成社会主义品德，让德育焕发生机与活力。

(二) 贯彻要求

1. 根据学生身心、品德发展的年龄特点进行教育

学生在不同阶段的身心发展具有不同特点，因此，教师应在不同的教育阶段根据学生的身心发展特点进行教学。首先，教师要对学生的身心、品德发展的年龄特点进行研究分析，在此过程中了解学生成长特点，以及在这一年龄阶段的品德心理特点。同时，教师也要根据不同年龄阶段的学生采取有针对性的品德教育，在任何教育阶段，教师品德教育都是以培养具有良好品德学生为目标，要让学生树立正确的世界观、人生观和价值观。德育教学要符合德育要求，教学内容要随着学生年龄的增长而逐步提高要求，要对德育内容进行加深、拓宽。

2. 根据学生的思想特点进行教育

不同的时代中，由于客观社会发生了变化，人们形成的意识不同。但不变的是，社会意识取决于社会存在，社会意识对社会存在具有反作用。在不同的时代，教育及教育对象在思想等各个方面也有所不同，所以德育也需要根据不同时代教育发展变化的特点开展相关教学活动。虽然处于同一时代，但是地区、学校与年级的不同也会影响德育发展，所以，德育需要综合许多复杂因素进行考虑，尤其是对于学生的个别差异性要进行有针对性的教学，要根据不同学生的思想和个性特点进行教育，了解学生的思想特点。

3. 根据学生的个性特点进行教育

同一时代、地区、学校和年级的学生，在个性方面也存在差异。不同的学生有不同的个性特点，这与他们的生活环境、家庭教育等方面有关。每个学生所受到的家庭教育不同，生活和成长环境不同，所以个性特点也不同，具有差异性。德育需要针对不同个性特点的学生进行教育，教师要掌握学生的个性特点，并且对其进行正确教导。

4. 客观、全面地了解研究学生

教师是教学活动的主导者，也是除了家长以外与学生接触较多的主体。教师本身需要对学生各方面发展进行深入了解。德育的前提之一是教师要客观、全面地了解学生，这样才能在掌握学生品德情况的基础上进行有针对性的教育。全面了解学生是指从德、智、体、美各个方面深入地对学生进行了解。德育需要对学生的个性特点进行研究，这就要求教师与学生多沟通，真正了解学生的内心世界，而非局限于表面的了解。了解学生内心的真实想法需要教师在教学过程中认真观察，获得学生的信任，真正地了解学生的实际情况。

三、方向性与现实性相结合原则

德育应该遵循方向性与现实性相结合的原则。讲求实事求是、具体事情具体分析，以此为基础对学生开展社会主义思想道德教育，使德育活动能够实现社会主义品德教育的目的性和共产主义的方向性。

(一) 提出依据

对于我国现阶段所处的社会阶段，德育活动应该根据社会的具体情况开展社会主义初级阶段的德育工作。这一阶段的德育虽然还处于初级阶段，但仍属于共产主义、社会主义德育范围，因此，它的内容、发展都需要朝着共产主义的方向前进，这是社会主义德育活动的根本原则。此外，这一特点也是与剥削阶级德育活动最本质的区别。共产主义的方向性从根本上体现了培养社会主义建设人才的根本要求以及社会主义德育的阶级性，并能确保德育活动开展的政治方向。因此，我国现阶段的德育工作应该从实际出发，强调社会主义初级阶段的现实性，紧密贴近生活，使德育活动能够落到实处。

(二) 贯彻要求

（1）坚持马克思主义为指导原则。马克思主义是人类社会规律、本质的正确反映，具有科学性和人民性，是党和国家指导思想。因此，我国的德育活动应该遵循马克思主义，依照其设置德育形式、方法及内容，贯彻共产主义、社会主义方向性。

（2）实现社会主义现实性、共产主义方向性两者有机结合。我国现阶段的德育活动应该根据社会主义初级阶段的现实性来开展，并坚持运用共产主义的思想道德体系，使学生能够形成符合社会主义制度的思想品质。这种特性的德育工作符合现阶段的生产力、政治经济发展水平的法纪道德规范教育、思想政治准则，体现了社会主义的现实性。社会主义思想道德与共产主义思想道德有所不同，但它们之间也存在着密切的联系。社会主义是通向共产主义的必由之路，因此，社会主义思想道德属于共产主义思想道德的一部分，是共产主义的现实表现，是发展的一个重要阶段。共产主义思想道德是社会主义思想道德必然的归宿，是一个更高级的发展阶段。在我国现处的社会主义初级阶段而言，德育活动的开展需要始终坚持共产主义的方向，使得学生具有社会主义思想品质，并在德育教育活动中了解党和国家在新时期的总任务、方针和路线。此外，宣传共产主义思想道德，树立正确的价值观、世界观和人生观。

（3）引导学生将个人远大理想与日常学习紧密联系起来。在教育活动中，教师应引导学生树立远大理想，将实现共产主义远大理想与个人的劳动、工作、生活及学习等各方面相结合，坚持中国特色社会主义思想，紧密结合中国社会主义现代化建设，结合实际，最终实现共产主义理想。另外，学生也应该从自身做起、从现在做起、从小事做起，将共产主义、社会主义思想逐步渗透到自身的劳动、工作、生活及学习活动中，不断提升自己。

四、发扬积极因素、克服消极因素原则

德育应该遵循发扬积极因素、克服消极因素的原则，这意味着学生应该积极发扬自身思想品质中的积极因素，并将消极因素逐步转化为积极因素，提高学生的综合素质，实现全方位健康发展。

（一）提出依据

学生自身品质主要是在其品质内部矛盾斗争中形成、发展的，不仅带有积极因素，而且还有消极因素，这两者既对立又统一，构成矛盾统一体。从这一方面可以看出，这两者是可以在一定条件下进行转化的。德育活动就是要充分发挥这种特性，

使得学生能够积极发扬自身的长处、优点，并且让其得到一定的成长和扩展，促进学生的不足、弱点、缺点因素转化，变成优点和积极的品德因素，提高学生的综合道德品质和道德修养，形成优良的品格。

（二）贯彻要求

1. 一分为二看待学生

在教育活动中，教育者不仅需要了解学生们自身的不足、弱点和缺点，更需要看到学生身上的长处、优点，并关注他们品德上的长处。教师尤其更需要善于发现班级的后进生们品德中的长处和优点，虽然这些优点可能比较微弱，不易察觉，容易被身上的短处、弱点所掩盖，但他们都会有闪光之处，教师应善于挖掘它们，并推动其不断发展，让学生能够依靠自身的优点克服身上的缺点，并将其转变成优点。虽然班级上学习比较优秀的学生身上的长处、优点十分明显，但人无完人，他们也存在品德上的短处、弱点和缺点，教师也需要结合他们的实际情况，充分发扬、扩展品德中的积极因素，并且引导他们克服身上的弱点和不足，使其转变为品德上的优点，从而推动学生个人品德不断提高，朝着更高一级的目标前进。因此，教师应该一分为二看待学生，充分发扬学生品德中的优点和长处，推动其不断发展。教师还应该引导学生克服短处和缺点，并实现其向优点进行转变。

2. 教育学生发扬优点，克服缺点，不断进步

在教育活动中，教师应积极引导学生正确认识自己、严格要求自己，自觉主动地参与到品德建设、发展活动中，使自身的长处、优点得到充分发扬，并使缺点和不足之处得到克服和转变。学生自身思想品德的提升主要依赖于品德内部矛盾斗争，从而推动它们进行有效解决、转化，使优点、长处更加突出，缺点、短处转化为品德中的优点。当然，这一过程需要学生对自身的道德品质有正确、全面的认识，而教师应该在教育活动中引导学生形成这种认识，帮助他们自觉、积极开展品德内部矛盾斗争，不断提升自己。

3. 因势利导，化消极为积极

在青少年时期，学生的精力、体力都十分充沛，此外，该时期也是思想品德形成的关键时期，如果在这一阶段不加以正确的引导，那么学生就有可能将自身的精力运用到不当的活动中，产生不良的道德后果。因此，教师在教育活动中应该正确引导学生形成正确的价值观，并通过开展健康有益、积极正向的活动，将学生的精

力引导到正确的方向，使得他们在这种氛围中形成、发展自己的品德。学生身上的缺点和优点是对立又统一的矛盾统一体，它们可以在一定的条件下进行转化。教师则应该全面分析学生品德中的优点和短处，善于发现其中能够转化为积极因素的成分，并积极引导学生向积极的方向转化，促进学生全面健康发展。因此，教师应该开展健康、积极的教育活动，使学生在活动中能够全面、正确地了解自己，推动品德中的消极因素向积极因素转换，提高学生综合素质。

五、说理疏导与纪律约束相结合原则

德育应该遵循说理疏导与纪律约束相结合的原则，倡导启发自觉、疏导引导以及说理启迪，充分调动学生的主动性、积极性，并且在一定的纪律约束基础上，促进学生全面健康发展。

(一) 提出依据

对于我国现阶段所开展的德育工作而言，首先应该开展社会主义思想道德教育，教育学生形成一定的社会主义品德，成为合格的社会主义事业的建设者。学校德育的根本目标是培养学生的综合素养，形成良好的道德修养，而这个过程又充满着斗争、矛盾，因此，教师应该全面了解学生，帮助学生正确处理、解决品德斗争和矛盾，并通过启发自觉、疏导引导、讲清道理、说理启迪，引导学生积极、主动地参与到品德斗争中，充分调动他们的积极主动性，促进学生全面健康成长。

(二) 贯彻要求

(1) 说理启迪、讲清道理、启发自觉。依据马克思主义理论和实事求是原则，教师应对学生进行正确的引导和疏通，摆事实、讲道理，使得学生形成正确的价值观、人生观，提高其思想道德认识水平，促进提升综合素质。

(2) 在教育活动中，教师应以表扬为主，以批评为辅。在青少年时期，学生的思想品德很容易向不良的方向发展，因此，教师应在德育工作中注重表扬的重要性，利用学生积极向上的心理鼓励他们形成正确的价值观念，向积极的方向前进。

(3) 树立先进、积极的典型，引导学生向正确的方向前进。教师在德育工作中应向学生宣传、展示各领域的英雄模范人物，尤其要注重学生先进典型对学生思想品德形成、发展的重要性，从而树立、培养后进变先进的积极典型，并充分调动其他学生的积极性和上进心，激励他们不断前进，为社会的发展贡献出自己的一分力。另外，反面的事例、典型也是有必要的，教师应适当采用这些事例，规范、约束、引导学生的思想、行为，促进学生健康成长。

(4) 引用适当的规章制度,将纪律约束、说理疏导有机结合。规章制度是法纪道德规范、思想政治准则的具体实施过程,不仅能够引导学生形成积极正向的思想品德,还能够规范、约束学生的思想行为,使其向健康方向发展。这一过程对于青少年的思想品德形成、发展必不可少,能够培养学生形成良好的品德行为习惯,提高自我品德控制能力。由此看来,学校应以马克思主义为指导,确立适当的规章制度,实现纪律约束、说理疏导两者的有机结合。

六、集体教育与个别教育相结合原则

德育应该遵循集体教育与个别教育相结合的原则。在德育活动中,教师不仅应该注重学生集体的教育,还应该加强每个成员的德育教育。对于个别教育来讲,教师应该根据每个成员的实际情况实施,使个别教育的成果潜移默化地影响集体,进而推动集体巩固和发展教育工作。

(一) 提出依据

德育工作的实施对象包括个体与集体。这里说的集体并不是每个个体的简单相加,而是一个有凝聚力、具有严密组织性、共同为实现具有某种公益价值的社会目标而奋斗的群体。因此,教育者应该将个体组织形成群体,对集体开展德育活动。作为德育活动中的主体,集体若是健全的,便能够推动教育作风、教育舆论、教育要求及教育目标发挥巨大的力量,而每一个个体都能够对其他成员、集体产生或多或少的影响,进而推动集体中的每位成员成为集体主义者,共同为社会主义建设做出贡献。因此,在德育工作中,集体中的每位成员都应该正确处理个人与集体、他人、个人的关系,促进集体成员之间互相协作、互帮互助,进而形成团结友爱、遵守纪律的行为习惯和良好思想,推动教育发挥巨大的作用。

因此,教育者应在德育工作中充分调动教育主体的积极性,推动学生自我教育、教师教育相互结合,使学生能够自觉地投入到思想品德培养、发展中,进而获得良好、有效的德育效果。另外,教师应该根据每位学生的实际情况开展个别教育,通过教育个体推动集体得到巩固、发展。

(二) 贯彻要求

1. 形成良好的学生集体

集体的形成需要教师、学生进行有意识的教育和培养,教师应该关注每位学生的成长情况,引导他们积极地投入到集体活动中,推动集体形成健康的集体舆论、坚强的领导核心以及严密的组织结构。

2. 发挥学生集体的教育作用

培养集体、教育学生两者紧密联系。在德育活动中，教师应该充分发挥力量，带动学生主动自觉地投入到集体建设中，最终实现集体目标。在这个过程中，学生应该正确认识自己、严格要求自己，并帮助集体中的积极分子、领导干部做好工作，提高集体团队的组织力和凝聚力。另外，教师应该充分发挥优良传统、集体风气和集体舆论的作用，使集体中的每个成员能潜移默化地形成积极正向的思想品德，促进学生综合素质的提高，进而实现全面健康发展。

3. 将集体教育和个别教育相结合

集体体现了个性、共性的相互统一，但集体教育只能处理和解决共性问题。因此，在德育具体活动开展过程中，教师应根据学生的自身特点、实际情况，开展个别教育，重视其对集体巩固、发展的重要性。由此看来，在德育活动开展过程中，教师应实现个别教育、集体教育的有机结合，既要发挥学生的个性，又可以推动集体的形成、稳固和发展。

七、德育影响一致性和连贯性原则

德育教育对学生的一生有着深远影响，需要多种教育力量相互配合才能让德育教育发挥更大的作用。此外，德育影响还有一致性和连贯性原则。

(一) 提出依据

学生品德的形成和发展受多种因素的影响，会按照一定顺序发展，在不同的阶段呈现不同的特征。因此，在教育的每个阶段，对学生的德育要求以及学生应学习的德育内容必须有所不同。但是，在整个德育教育过程中，总体方向不变，德育的内容与要求在不同的阶段都能被联系起来，从而形成一个完整的体系，并不断完善。学生的德育教育不仅仅需要学校的力量，还需要家庭和社会团体的力量，是三方的共同努力才促成了学生的德育教育。学生应该接受系统连贯的德育教育，才能使其自身发展收到理想效果。如果受到的德育影响前后不一致，那么德育的效果肯定不理想，学生也会陷入思想混乱的处境，阻碍学生的德育发展。

(二) 贯彻要求

1. 校内各方面德育影响应保持一致

学校必须在校长的指导下整合学校教育的各方力量，确保所有教职员工和在校学生能接受统一的德育教育，并按照德育的目标进行分工合作，制定适合的德育内容。各班的班主任及各学科老师对学生德育的影响必须保持一致。班主任和各学科的教师应相互沟通，建立合作，充分了解学生的思想情况，承担好教书育人的责任。在教学中，教导学生知识只是一部分，更重要的是育人，让学生成为一个德才兼备之人。

2. 学校和家庭的德育影响应保持一致

在德育影响方面，学校和家庭应该保持一致。教师要将科学的教育知识及时传播给家长，将学生在学校的具体情况向家长如实反馈，家长也应将学生在家庭的情况回馈给教师，通过双方的联系，做好学生的德育教育。

3. 学校与社会的德育影响应保持一致

学校应该采取多种方法来调节和控制社会的影响，在道德教育中，广泛地吸收社会中的积极因素。学校特别应与校外教育机关等有关部门建立合作联系，通过合作来共同研究和协调怎样的教育对青少年最好，为学生提供适合的校外活动，通过充实的假期生活，建立与学校道德教育相一致的社会道德教育。

4. 加强德育的计划性与连贯性

德育内容的设置不仅要考虑社会主义思想和道德科学体系，而且要能够满足学生德育发展的水平，对不同年级的学生应有所差异。在德育教育过程中，虽然他们的内容和方法不同，但也有一定联系，随着年级的升高，德育内容在逐渐扩大、深化。学校必须有计划、系统地进行德育教育，使它不仅具有内在逻辑联系，还具有一定连续性，让学生的德育水平不断提高。

5. 将经常教育和集中教育相结合

德育系统应该保持一致性和连续性，两者应该密切相关。学生接受的品德教育必须始终如一，不能中断，只有接受持之以恒的教育，学生的品德才能完善发展。除此之外，学校应经常检查和监督学生的思想和行为，以提高学生的德育意识，让学生保持正确的道德行为。同时，有必要根据现实情况和德育培养目标的需要来开展德育教育，及时发现学生存在的重大道德问题，使学生能够解决他们的道德问题并让他们进步。若学生消除了德育发展过程中的障碍，并持续学习下去，那么学生道德境界会得到质的改变。在德育教育事业中，保持经常教育是德育教育的基础和重要组成部分，此外，集中教育也是必不可少的部分。集中教育不仅可以高效地消除德育教育过程中的障碍，还可以起到强化的作用，深化学生的德育境界；经常教育可以进一步巩固学生学到的德育内容，促进学生的知识积累。因此，在进行德育教育过程中，必须将经常教育和集中教育相结合，两者相辅相成，共同发挥作用。

八、尊重热爱与严格要求学生相结合原则

在进行德育教育过程中，教师既要做到尊重和爱，也要对学生严格要求，只有两者相结合，才能保证学生道德发展稳定进前进。此外，既要信任学生的发展可能性，也要及时指导学生。

(一) 提出依据

人都具有自尊心和自觉性，每个人还都具有主观能动性。只有尊重和信任每个学生的个性和能力，才能充分利用他们的主动性和创造力，激发他们对德育教育的热情。我国是社会主义国家，人民当家作主，因此必须尊重所有公民的人格。对于成长中的青少年群体，老师应该在尊重和信任他们的基础上，发挥自己的关心和爱护之情。同时，教师应该严格要求学生，尊重并不是放任不管。青年学生纯真热情，积极向上，如果学生能够获得老师的信任与鼓励，得到老师的严格教育，那么他们的潜力将最大程度被激发出来。

尊重学生、爱护学生和严格要求学生这三点要在辩证法上统一起来。没有道德教育的要求就没有道德教育。如果教师没有做到对学生尊重和信任，就不可能对学生进行有效的德育，也就不可能对学生提出进一步的要求。只有做到真正地尊重和信任学生，教师才能真正了解学生，并发现他们真正需求的德育内容。做到尊重和爱护学生，再予以严格的要求，就能激发学生的潜力，完善学生的品德修养，让学生能够自我激励，并拥有自信，帮助学生克服遇到的困难。同时，学生也能自觉地去完成德育目标，在完成过程中，学生会具备坚强的意志和品格。学生的品德由知识、情感、意图和行为等多种因素组成。情感是师生沟通的纽带，当老师发自内心地尊重、爱护学生时，师生之间的关系会更加紧密，学生完善的内在品德也能和教师的德育要求相一致。可以说，"情感"是德育教育中的"催化剂"，既可以促进学生的道德完善，也可以帮助学生将学到的德育知识转变为道德信念和意图，最终转变

生活中出现的具体道德习惯。

(二) 贯彻要求

1. 尊重信任学生

教师在德育教育过程中必须充分尊重学生,不能打击学生的自尊心和上进心,应相信学生的能力。教师还应该公平对待学生,与学生建立良好的师生关系。不仅如此,对于学生提出的建议,教师应该耐心倾听,尊重学生提出的合理化建议,并做出相应的调整。教师应该耐心化解学生在德育教育过程中的困惑,让他们能持续不断地接受德育教育。在教育后进生时,教师不能对他们有任何歧视,更不能嘲笑或打击他们的自尊心,要鼓励他们克服现有的困难,相信他们能成为社会所需的人才。

2. 严格要求学生

教师提出的道德教育应该符合学习的德育目标,并能衔接学生原来的道德教育水平,还应该达到以下六点要求。

(1) 准确。教师制定的道德教育要求的首要条件应是科学合理,德育要求应该符合育人的教育目的,让学生能够成长为真正的人。如果制定的要求不合理,那么就不能起到正面作用,教育效果也达不到要求。

(2) 适当。教师制定道德教育要求应该与学生的身心特征和实际道德水平相当,其标准不能太高,也不能太低。学生可以通过努力来实现这些要求,只有这样,才能让学生具备前进的信心。

(3) 明确。教师制定的道德教育要求应该包含明确的含义和具体的内容,使接受教育的学生能够清楚地理解,知道该怎么做。

(4) 具体。教师制定的道德教育要求不能抽象空洞,应是具体可行的要求。

(5) 有序。教师制定的道德教育的要求应该逐步地提出,起初提出比较容易达成的要求,根据学生的完成情况将难度逐步提升,但总体上它们的含义和内容应相关联,能够形成一个完整的体系,逐渐培养学生的良好思想习惯。

(6) 有恒。教师在收到提出的教育要求以后,需要果断地执行,并坚持到底,直到取得成果。因此,在提出德育要求前,必须考虑周到,认真检查德育要求是否可行。

九、品德教育和自我品德教育相结合原则

在德育教育过程中，应该根据品德教育和自我品德教育相结合的原则来开展相应工作。既需要教育者积极地开展品德教育活动，又需要受教育者自觉地学习教育内容，并不断完善自我品德教育。

(一) 提出依据

德育教育是一个矛盾和统一的过程，在这个过程当中，教育者和受教育者相互协调，又各自活动。教育者和受教育者都发挥自身作用，教育者开展相应的道德教育活动，受教育者接受教育内容，双方都应该积极地完成德育要求。从形成和发展受教育道德的因素来看，外部因素来自教育者，且这一因素不容缺少；内在影响因素来自受教育者，是他们的自我品德教育，如果没有这个因素，德育要求也不可能实现。一个人的道德品格发展既会受到外部环境的影响，也会受到道德教育的影响。受教育者的自我品德教育能为他们的品德发展提供动力，这也是他们今后品德的基础。德育教育的最终目的，是在没有教育者时受教育者也能自觉地完善自我品德教育。因此，在德育教育前期，教育者应该做好基础工作，而德育目标的达成既离不开教育者，也离不开受教育者。双方在德育教育过程中，要充分发挥自身的主观能动性，将教育和受教育者的自我品德教育两者结合起来，齐心协力地做好德育教育。

(二) 贯彻要求

1. 发挥学生的主体作用，指导学生进行自我品德教育

鼓励学生认识到自己在德育教育过程中的身份，加深他们对自我道德教育的理解。学生既是德育的主体，也是受教育的对象。教师应该有效激发学生的积极性，让学生在德育教育过程中发挥主体作用。作为受教育的对象，学生应该及时掌握接收到的教育内容，并吸收为自己所用，使自己了解社会主义思想道德的具体要求和相应的标准。除此之外，教师应该引导他们开展自我评价，通过评价来反思自己的道德观，并根据得到的结果来不断完善自我道德教育，提升自己的品德教育水平。

2. 发挥教育者的主导作用，对受教育者进行品德教育

教育者在德育过程中占据着不可替代的地位，发挥着重要作用。教育者应该充分认识到这一点，并自觉承担起教育责任，认真执行，有信心培育好学生的道德。根据社会的需要，道德教育内容的确定应该贴合道德发展的现有水平，以及道德教

育的基本发展规律，并由此来选择开展道德教育的方法。教育者也应该做到统筹兼顾，发挥自身的主导地位，控制好道德教育的过程，并根据具体情况及时调整，从而引导学生接受道德教育，完善自身的品德修养。

受教育者的品德发展既要符合社会需求，也要符合受教育者的个人需求。学生必须努力学习，加强自身修养，提高自身的思想境界和专业水平及能力，获得所需的知识和本领。教育者更要以身作则，不断学习，让自己思维不被固化，引导学生前进。

3. 将品德教育和自我品德教育相结合

教育者与受教育者的品德教育在德育过程中相互影响、相互促进。受教育者的自我道德教育离不开教育者的品德教育水平，教育者为受教育者的品德发展打下基础。教师可以在德育过程中激发和调动学生进行自我道德教育的热情，培养他们自我完善德育的能力。不仅如此，教师还能帮助学生协调、控制、接受德育内容，并将其内化成自己内心的道德修养和道德标准。受教育者自身的品德教育将成为他们学习生活中可依赖的内部动力，能对受教育的行为起到约束作用。自我品德教育也是品德教育发展的内部因素，关系着学生接受品德教育的方法与内容。

在道德教育过程中，教育者的道德教育与受教育者的自我道德教育两者的关系非常奇妙，两者相互制约、相互促进，并不断完善。因此，这两种道德教育不能分离，都非常重要，只有将两者有效结合起来，学生的思想道德才能健康发展。

第二节 德育教育的过程与品德的形成

一、德育教育的过程

德育过程是德育理论和实践中的一个重要问题。德育过程理论研究的任务是揭示德育过程中的矛盾关系和矛盾运动，亦即揭示德育的规律性，为德育工作者提供理论依据。

过程是指事情或事物发展所经过的程序。德育的实施或发展也有一个过程。一般情况下，德育过程是在教育者施教传道和受教育者受教修德的相互作用的统一活动中，将一定社会或阶级的思想道德转化为受教育者个体的品德，促使受教育者与社会及其发展和谐一致的过程。换句话说，德育过程是在教育者施教传道和受教育者受教修德的相互作用的统一活动中，将一定社会或阶级的"道"（思想道德）转化为受教育者个体"德"(品德)的过程。

在将一定社会或阶级的"道"转化为受教育者个体"德"的德育过程中,既包括教育者的施教传道过程,也包括受教育者的受教修德过程;既包括一定社会或阶级的"道"向受教育者个体"德"的内化过程,也包括受教育者个体品德认识、情感向品德行为的转化过程及其在行为中表现出来,施于人,作用于社会、他人和自然,达到与他人、社会和自然和谐一致的外化过程;既包括对受教育者良好品德的塑造过程,也包括对受教育者不良品德的矫正或改造过程。

德育过程是教育者施教传道和受教育者受教修德相互影响和作用的统一过程,是一定社会或阶级的"道"向受教育者个体"德"的内化和受教育者个体的"德"外化在行动中作用于人的统一过程,是受教育者良好品德塑造和不良品德改造的统一过程,是促使受教育者的品德内部矛盾斗争转化和不断突破已有水平或状态的限制,由低层次向高水平、高境界发展的过程,或者说是促使受教育者品德的社会性发展,使其能在更广的范围内和更高更深的程度上达到与现实社会要求特别是社会历史发展规律相一致的过程。

(一) 德育过程的基本结构

德育过程是由教育者、受教育者、德育内容、德育方法等因素构成的。这些因素在德育过程中都有各自的特殊地位和作用,相互间存在着复杂的联系和关系。德育过程就是由这些因素按一定的关系构成的相互作用的矛盾的运动过程。

教育者是德育过程的组织者、领导者和调控者,是一定社会德育要求和思想道德的体现者,是德育活动的设计者、领导者和德育影响的施教者、调控者,在德育过程中起主导作用。教育者包括直接的和间接的教育者。在学校德育过程中,直接的教育者主要是学校教师。教师的德育活动主要是设计、组织、领导、调整、控制整个德育过程,影响、控制学生品德的形成和发展。

德育的对象是受教育者,受教育者分为个体与群体,在常规的学校学习中,受教育者就是学生个体与学生群体,当受教育者作为受教育的对象时,受教育者是德育的客体;当受教育者在德育教育影响下自我反思、修德时,受教育者就是德育的主体。综上所述,受教育者在德育学习过程中,既是德育客体也是德育主体,不论是德育客体还是德育主体,受教育者都是积极的,具有主观能动性。

在德育教育中,教育者和受教育者通过德育内容和德育方法互相联系与影响,德育教育是教育者与受教育者互相联系的桥梁。德育内容首先是社会思想道德,是受教育品德的形成来源。其次,德育内容是为受教育者提供学习、修养、内在化的客体。最后,德育内容需要一定准则和规范,是教育者在德育教学过程中根据社会和阶级、受教育者品德等形成的确定规律和准则，它是明确的，是具有一定深浅层次和范围的特定社会思想准则和政治法纪规范。

德育方法是指通过一定物质和精神手段来沟通教育者和受教育者的。通过德育方法，教育者与受教育者之间关联起来，相互影响、相互作用。在教育过程中，教育者通过实施一些物质和精神手段，如自身的人格、情感、行为、举止、意志等，实现对受教育者的教育，受教育者通过感受这些物质和精神手段，如语言、活动、直观、反馈信息、受教育者自身的变化等，实现对特定社会思想准则和政治法纪规范的认识和内化。通过教育者与受教育者之间的相互影响和认识交流，来实现德育的教育工作，在德育教育过程中教育方法与德育手段密不可分。

教育者、受教育者、德育方法、德育内容是与德育教育过程相关的四个因素，它们相对独立，但也相互联系、关联。教育者、受教育者、德育内容、德育方法在德育教育过程中，都有其具体的地位和功能，通过功能和作用的联系，相互作用与影响。它们之间的作用和联系具有一定的规律性：第一，教育者要遵照一定的教育准则教导受教育者，受教育者也要按照教育者的教育，培养发展自己的品德。通过教育与被教育，教育者和受教育者被联系到统一的教育活动中；第二，德育内容与德育方法是桥梁，教育者和受教育者的统一教育活动联系更加紧密；第三，教育者、受教育者、德育方法、内容这几个因素相互作用的结果是促进受教育者的品德发展。

综上所述，德育教育是通过教育者、受教育者、德育方法和内容的有机结合，不是独立的，也不是简单地关联，相互影响、作用，是教育者和受教育者不断努力参加传道授业的统一教育过程联系建立起来的。在教育过程中，将德育内容和德育方法联系起来，促进受教育者德育发展。因此，德育教育是教育者和受教育者通过德育内容和德育方法帮助受教育者培养品德的过程。

（二）德育过程中的主要矛盾

在德育过程中，教育者、受教育者、德育内容和德育方法等因素之间存在着复杂的矛盾和关系。诸如教育者和受教育者、教育者和德育内容及德育方法、受教育者和德育内容及德育方法等几对矛盾和诸多关系。这些矛盾和关系是德育过程的内部矛盾和内部关系。德育活动正是在一定的客观外部条件下，在这一系列的内部矛盾运动和关系中展开的。在这些矛盾和关系中，教育者要研究、认识、掌握和调控的客体是受教育者及其品德、德育内容及德育方法。他的任务是运用一定的德育方法将德育内容传递给受教育者，调整德育过程，从而达到调整、控制受教育者品德形成的目的。

对受教育者而言，要认识、掌握的客体主要是德育内容。受教育者的任务是在

第二章 德育教育原则与实施方式优化

教育者的指导下,通过一定的德育方法,理解、掌握既定的德育内容和进行自我品德教育,通过内化和外化过程,将外在的客体,即社会思想道德转化为自己的品德,从而成为社会思想道德行为的主体。

德育过程中的主要关系是教育者施教传道和受教育者受教修德的关系。施教传道主要包括三层含义,即传道、调控、解惑。也就是传递一定社会或阶级的思想道德;调节、控制德育过程和受教育者的品德形成过程;指导、点拨受教育者的自我品德教育过程和方法。或者说是教受教育者学做符合一定社会或阶级思想道德要求的人;指引其做这种人的社会生活道理;教给他学做这种人的方法。

受教修德也主要包括三层含义,即受教、调控和修养。也就是选择、理解和掌握一定社会或阶级的思想道德规范;调节、控制自我品德形成过程;学会自我品德教育的方法。也就是学会做符合一定社会或阶级思想道德要求的人;把握住做这种人的社会生活方向和道路;学会做这种人的方法。在德育过程中,教育者施教传道和受教育者受教修德的关系,实质上是传道和修德的关系,是品德教育和品德发展的关系。这种关系制约和影响着其他关系,其他关系都服从于和服务于这一主要关系。

德育过程中的主要矛盾是教育者提出的德育要求与受教育者已有品德水平之间的矛盾。这一主要矛盾也是德育过程与智育、体育、美育过程等相互区别的特殊矛盾。正是这一矛盾的特殊性质,决定了德育过程的特殊本质,使德育过程与智育、体育、美育过程等区别开来。在德育过程中,教育者向受教育者提出的德育要求是根据社会需要与受教育者品德发展的规律及需要确定的。因此,德育过程中的主要矛盾,就其实质来说是社会与个体之间的矛盾,是一种社会性矛盾,是社会对其成员的思想道德要求、受教育者品德社会性发展需要同其现有品德发展水平之间的矛盾的反映。这一主要矛盾贯穿于德育过程的始终,并影响和制约着其他矛盾。

在德育教育中,教育者需要经常对德育发展提出新要求。相比受教育者,教育者应更加积极活跃,需要时刻关注社会的发展需求的变化,并根据社会需求的变化,更改教学的德育要求。与此同时,社会客观现实与受教育者之间的关系总是处于动态变化之中,受教育者的品德发展需要根据社会现实变化来改变自身德育发展方向与目标,受教者的德育需求变化需要教育者来满足,所以教育者应该积极地改变德育标准和要求,并教授给受教育者,促进受教育者的德育发展,使受教育者满足社会需求。

由教育者的积极性主动性可以看出,在德育教育过程中,教育者对德育教育提出的新要求是德育教育的主要矛盾来源。同时,在德育教育过程中,受教育者本身存在的品德常常是传统、稳定、旧的,这是德育教育的次要矛盾。但是传统、稳定、旧的品德水平绝对不是保守、被动、消极的，受教育者曾经接受的品德教育绝不是错的，只是可能不适应现代社会的需求。受教育者本来的品德也有优点和积极性，受教育者本身的德育水平决定了他对新的德育要求的接受能力、接受程度、接收方式，以及接受以后如何支配与应用新的德育知识，对新德育要求的接受与推动应用，就取决于受教育者原有品德的优点和能动性。综合主要矛盾与次要矛盾，可以得出一个结论：教育者在对受教育者提出新的德育要求时，要结合受教者的德育能动性和社会现实的需求，提出适合的德育新要求，通过受教育者本身的能动性，激发德育发展内在化。

德育教育发展中的两个矛盾相互对立又统一，是相互依存、相互否定的关系。在相互依存方面，教育者提出德育时，要充分考虑受教育者已有的德育水平，也就是说，教育者提出的德育要求依赖于受教育者的德育发展水平。相应地，受教育者德育水平的发展高度，需要看教育者是否提出了相对应的德育新要求。在相互否定的方面，教育者每次提出新的德育要求都是对受教育者旧的德育水平的否定，也就是说，受教育者的德育发展水平总是无法满足教育者的德育要求，相应地，受教育者形成的新的德育发展水平就是对原有德育水平的否定。在矛盾中，旧的德育要求不断被否定，新的要求不断提出，受教育者的德育水平不断提高。德育教育过程就是教育者不断根据社会需求提出新的德育需求，受教育者不断否定、学习新的德育要求，在矛盾的出现与解决的过程中，提高受教育者德育水平的过程。

德育过程的特殊矛盾决定着德育过程的特殊本质。德育过程的实质是教育者将一定社会或阶级、民族的思想政治准则和法纪道德规范转化为受教育者个体的品德，形成其完整的品德结构，以便把受教育者个体纳入一定社会或阶级、民族的思想道德等关系中去，成为思想道德行为主体，既与他人、社会和自然达成一致，又促进社会向前发展。因此，德育过程既是一定社会或阶级、民族的思想道德的传递过程，也是一定社会或阶级、民族的思想道德的继承过程；既是一定社会或阶级、民族的思想道德的个体化、个性化过程，也是受教育者个体在思想道德方面的社会化、阶级化、民族化的过程，即受教育者不断接受一定社会或阶级、民族的思想政治准则和法纪道德规范，形成一定社会或阶级、民族所要求的品德，成为能适应和参与一定社会或阶级、民族的政治生活、思想文化生活、伦理道德生活和创造新的社会生活，合乎一定社会或阶级、民族角色身份要求的、具有独特个性的人。

对于中国社会主义的现代学校德育来说，德育过程就是将现代中国的社会主义的思想政治准则和法纪道德规范转化为受教育者个体的品德，成为中国的社会主义的现代的思想道德的行为主体，积极参与中国社会主义现代化建设和社会主义物质文明、精神文明的创造。这是具有中国民族特点的、现代化的、具有社会主义和共产主义的思想道德的个体化过程、传递过程和继承过程，也是促进学生品德的形成发展过程或在思想道德方面不断中国化、现代化、共产主义化的过程。

总之，德育过程既是个体品德社会化或社会性发展的过程，也是社会思想道德个体化、个性化的过程；而个体品德社会化或社会性发展的过程，正是通过社会思想道德个体化、个性化的过程实现的。德育过程是社会思想道德个体化、个性化和受教育者个体品德社会化的统一过程。

二、德育过程中学生品德的形成

(一) 在培养品德知、情、意、行的过程中形成

德育过程是教育者将一定社会或阶级、民族的思想政治准则和法纪道德规范内化为受教育者个体的思想感情并外化为行为方式的过程，是形成受教育者个体品德的过程。学生的品德是由思想、政治、法纪、道德方面的认识，以及情感、意志、行为等因素构成的。这几个因素简称为知、情、意、行。构成品德的知、情、意、行这几个因素是相对独立的，它们各有其特定的内容和作用。

1. 品德认识

品德认识是指思想道德观念认识，是人类在发展过程中，受社会环境和教育的影响，形成的对客观的思想道德关系的认识和处理准则，包括政治、思想、法纪、道德、信念、原则等。品德认识通过形成思想政治准则和法纪道德规范，处理生活和社会中的人和事件，运用这些标准和规范，对事情和人际关系做出好坏判断和处理。品德认识的形成是人类对社会思想政治、法纪道德的意识反应、判断与评价，反映出人类对社会客观事物的态度和行事准则的内在看法。在旧社会有阶级思想，现代社会人们应该通过思想教育培养社会主义思想，努力践行无产阶级主义思想。在思想认识的过程中，智力或非智力因素可能会影响思想认识，进而影响社会品德需求转换为个人品德需求，这时需要在品德认识中结合情感因素，将情感与理智相结合，理解思想道德准则和法纪道德规范，增进对思想品德的认识，并且理解如何遵照思想准则做事。通过结合情感与理智，提高人类品德的自觉性、积极性和创造性。品德认识属于品德结构中的基础部分，只有充分理解认识品德，才能理解品德中的品德情感、品德行为和品德意志。

2. 品德情感

品德情感也就是品德道德情感，是在社会实践中，人类伴随着品德认识而产生

的一种情绪态度，是对思想道德和人们思想行为的爱恨好恶，是人类基于思想道德规范对现实社会中思想道德行为评判而产生的内心体验。也可以说，品德情感是人们在道德评判中，品德需求是否得到满足的一种表现。如果得到满足，人类表现出满意的态度；如果得不到满足，人们会表现出憎恶的行为。在人类的各类情感中，品德情感是一种特殊的存在，属于人类特有的高级情感。在品德结构中，品德情感与品德认识如影随形，品德情感对品德行为、品德认识都有着积极的调节和鼓励作用。品德情感的好恶依赖于品德标准，由于不同时代、不同阶级、不同种族都有着不同的思想道德标准，因此产生的品德情感也不同。

品德情感按其内容可分为阶级情感、爱国主义情感、国际主义情感、集体主义情感、义务感、责任感、同志友谊感、自尊感、羞耻感等；按其形式可分为直觉性的品德情感（由于对某种情境的直接感知而引起的、自觉性较低而又具有迅速定向作用的情绪体验）、想象性的品德情感（联想起具有思想道德性质的事物形象而激起的、较为自觉的情绪体验）、理论性的品德情感（伴随思想道德理论思维的、更自觉的情绪体验）。品德情感开始于品德认识，但并不是有了某种品德认识，就一定有相应的品德情感。只有当品德认识同人们的世界观、人生观和道德理想相结合，才会形成对现实思想道德关系和品德行为的一种爱憎、好恶的品德情感。品德情感比品德认识有更大的稳定性，它不仅要诉诸人的理智，要有多方面的陶冶，而且往往需要在生活实践过程中，经过长期的甚至痛苦的磨炼。它一经形成，就会成为一种稳定的强大力量，积极地影响着人们品德行为的发展。

一般情况下，现实生活中的各种事件或人们（包括他人和自己）的行为，凡是符合自己所认同并要求得到维护的思想政治观点和法纪道德准则时，就会引发积极的情绪体验（如爱好、赞许、愉快、亲切、同情、自豪、羡慕、热爱等），否则就会产生消极的情绪体验（如憎恶、厌烦、悲伤、失望、愤怒、羞耻、内疚、消沉等）。积极的情绪体验不一定都是好的，消极的情绪体验也不一定都是坏的。判断好坏的标准是看它跟何种认识相联系，以及它在"长善救失"中的地位和作用。人们应培养学生"五爱"的情感，集体主义和国际主义的情感，以及符合社会主义品德要求的荣辱感、责任感、事业感、义务感等健康向上的情感。

3. 品德意志

品德意志也叫思想道德意志，是指人们利用自己的意识通过理智的权衡作用，去解决政治生活、精神生活、道德生活中的内心矛盾与支配行为的力量，或者说是，人们为达到一定的社会生活目的（如政治目的、道德目的、形成或克服一定的思想意识等）而行动时所做出的自觉的积极进取或坚持自控的不懈努力，是做出抉择的力量和坚持的精神，是调节品德行为的精神力量。它常常表现为用正确动机战胜错误动机、用理智战胜欲望、用果断战胜犹豫、用坚持战胜动摇，排除来自主客观的各种干扰和障碍，按照既定的目标把品德行为坚持到底。品德意志是品德形式结构中的一个重要组成部分。品德意志与品德认识、情感、行为是密切联系的。品德认识、情感是品德意志产生的前提和动力，而品德意志又对品德认识和情感的发展起促进作用。

品德意志是在品德行为中表现出来的，同时又是调节品德行为的内在精神力量。品德意志过程可划分为采取决定和执行决定两个大的阶段。在采取决定的阶段，又明显地包含确定品德目的、调整品德动机、制定品德意志行动计划和做出决策等互相联系的成分和步骤。人们的品德意志品质是存在差异的。人们的品德意志品质具有自觉性、坚定性、果断性和自制力等主要特征。在实际的精神生活中，一个有良好品德意志品质的人，在任何困难条件下，也能抵制外部的腐蚀、引诱和威胁，保持高尚情操；而一个品德意志薄弱的人，往往不能坚持完成一定的品德行为，或不能持之以恒，坚持到底。

4. 品德行为

品德行为也是思想道德行为。首先，品德行为的形成是在品德认识、意志、情感的调控下，通过练习和实践，在行动上对社会、自然、他人所做出的自然反应，是实现品德认识、品德情感、品德所需内在动机的外部行为意向和表现形式。其次，品德行为表现不固定。一种品德行为可能只表现一次，也可能经常表现；可能是不经思考直接表现出来的，也可能是经过深思熟虑表现出来的。其中，经常表现的品德行为就是品德行为习惯，品德行为习惯是指已经固定，且自然而然表现出来的行为。最后，品德行为有很重要的作用。作为品德形式结构的一个组成部分，品德行为与品德认识、品德情感、品德意志之间联系紧密、相互影响，品德行为通过品德认识、品德情感、品德意志间的相互调节、控制，形成人的品德外在表现。与此同时，品德行为的表现还可以巩固、发展品德认识，深入和丰富品德情感，并锻炼品德意志。

品德行为是个人对他人或社会利益的自觉认识、自由选择和善恶评价，品德行为的善恶、正确与错误的评价标准是对他人或社会是否有利。在以前的阶级社会，还会受到阶级的制约影响，品德的善恶好坏标准往往是在社会或者阶级的影响下制造出的社会思想道德标准和规范。符合社会和阶级思想道德标准和规范的品德行为，就被认为是好的、正确的、对社会有益的品德行为；与之相对的，不符合社会和阶级思想道德标准和规范的品德行为，就被认为是不好的、有恶意的、对社会发展有坏处的品德行为。

一般情况下，人的品德是在活动和交往的基础上，在品德发展需要和动机的推动下，沿着知、情、意、行的顺序形成发展的。因此，培养学生品德的一般顺序可以概括为激发品德发展动机、提高品德认识、陶冶品德情感、锻炼品德意志和培养品德行为习惯。有的班主任根据自己的德育实践经验，把德育工作的一般进行顺序总结概括为晓之以理、动之以情、持之以恒、导之以行四句话，这是符合德育过程规律的。

在品德形成和发展过程中，知、情、意、行几个因素既是相对独立的，又是相互联系、相互影响、相互渗透、相互促进的。其中知是基础，行是关键。品德认识指导、控制和调节着品德情感、意志和行为，品德情感和意志又影响着品德认识和调节着品德行为，品德行为又对品德认识的巩固和发展、品德情感的加深和丰富以及品德意志的锻炼起着很大的作用。因此，在德育过程中，应在知、情、意、行四个方面同时对学生进行培养教育，以促进学生品德认识、情感、意志和行为的全面和谐发展。

学生品德的知、情、意、行四个方面，在发展方向和水平上具有不平衡性。通情达理、言行一致是其平衡发展的状况，通情不达理、言行不一、口是心非等是其不平衡的表现。学生品德的形成和发展，就是由不平衡发展为平衡，然后打破平衡，通过培养教育，再达到新的平衡。学生品德正是在这种平衡和不平衡的矛盾运动中形成和发展的。

由于各个人品德的知、情、意、行的具体内容和层次水平不同，在主观世界里的地位和组合情况不同，因此每一个个体形成具有不同性质和特点的品德结构，表现为不同的思想品质、政治品质、法纪品质、道德品质。由于知、情、意、行的辩证统一性和不平衡性，所以在培养人的品德知、情、意、行的德育的具体实施过程中，在激发品德发展动机的前提下，不一定恪守知、情、意、行的一般教育培养顺序，而可根据学生品德发展的具体情况，或从培养品德行为习惯开始，或从陶冶品德情感开始，或从锻炼品德意志开始，最后达到使学生品德知、情、意、行全面和谐发展。但应该明确，无论是培养人的品德知、情、意、行的哪一个因素，都应激发品德发展动机，因此，激发品德发展动机是德育过程的真正开端和起点。

（二）在其品德内部矛盾斗争中形成

品德的形成受到两方面的影响，一方面来自教育者的外部德育教育；另一方面是受教育者自身品德的矛盾斗争。品德内部矛盾斗争是受教育者本身的品德发展水平与教育者要求的新的品德需求之间的矛盾。受教育者本身的品德发展水平是品德的内部环境和品德结构,其本身的形成也是从接受外部教育开始的,但是在品德形成后,品德本身便具有一定的独立性和能动性。当新的德育要求出现时,受教育者本身的品德就与新的品德要求形成发展矛盾,矛盾的性质既有异质性,也有相同性质,此外还包括其他品德结构要素。

具体可以表现为以下几方面:第一,内容上是阶级上的矛盾,具体体现为无产阶级与非无产阶级思想道德之间先进与落后、正确与错误的矛盾;第二,认知上的矛盾,具体为知道与不知道、能认知与不能认知、多知多能和少知道少能之间的矛盾;第三,品德构成因素的矛盾,具体表现为多个因素的发展水平不一,内部动机与外部行为展现之间的矛盾。由于品德的形成因人而异,所以每个受教育者的品德都是独特的,会有自己独特的方式来对待新的品德教育,对品德要求也会有自己独特的判断和评价,并由此形成自己的品德矛盾,通过已有品德水平对新出现的要求做出反应与应对,从而改变品德结构、调整结构组成、巩固完善品德结构,甚至产生新的品德结构。

在主体品德与外来品德要求的不断矛盾斗争中,学生会形成新的品德,发展、提升自身品德。由此来看,教育者在教育过程中需要掌握受教者内部斗争的规律,并结合受教育者的生活、兴趣、爱好、性格、气质、能力等因素对受教育者的德育提出新的要求,通过新要求与受教育者内心的品德发生"碰撞",不断引起新的品德变化和矛盾运动。除此之外,教育者还要在教育过程中,对受教育者进行积极主动的引导,因材施教,宏观全面地掌握矛盾的变化和转化,帮助受教育者成功转化矛盾,使其德育发展得以快速提升。

(三) 在教育性活动和交往中形成

学生品德的形成依赖于后天在社会实践中积极交往并参与相关的活动,是在对主观世界和客观世界的认识和改造过程中形成的,并不是自动生成的,并非遗传自父母,更不是由外在环境机械决定的。学生的品德是社会客观的思想政治标准和法纪道德规范的积极反映,是社会能动反映过程。社会的积极能动通过人的积极活动来体现,人通过各种各样积极的活动来改造世界。在积极的社会改造和社会实践中,人通过自己的努力作用于客观实际,并且形成了确切的社会实际关系。客观世界的实际关系会影响主观世界的思想形成,例如,客观世界的思想政治标准和法纪道德规范等。主观世界的思想政治标准和法纪道德规范能够帮助受教育者形成品德认识、品德情感和品德意志等品德结构。

德育的教育过程就是帮助学生在社会实际关系、人际交往,以及传递道德思想标准的物化活动中掌握并了解社会思想道德标准和法纪道德规范。物化形式的物化主要包括语言、图片、影视形象、教科书、实物、教育者本身等，也是一种德育手段或教育工具，通过学生内部的矛盾运动形成品德发展。学生的社会实际关系主要依赖于活动和交往过程，以活动和交往为桥梁，联系并建立社会实际关系和学生精神关系。由此可见，活动和交往是品德形成的基础，也是品德的根本来源。

活动和交往不仅是品德的来源，还是学生品德的表现方式和检验方式。活动和交往既可以帮助学生形成内在的主观认识和主观情感，还可以帮助学生表现出内在的主观认识和情感，形成真正的品德。如果品德只有内在的认知，没有机会转变成外在的表现，那么就不是真的形成品德。只有通过真实的活动与交往，促进品德认识、品德情感等转变为外在表现，并且通过实践累积，才能形成具体的行为方式和特征，完善品德形成过程。检验一个人的品德是否良好，不能只看内在的思想情感和需要动机，还需要检验他的实际行为，社会活动和交往过程可以有效地检验一个人的品德行为优劣。

对学生进行品德教育和修养培养，最直观的目的是帮助学生形成一些社会、民族、阶级的品德，但是最终的本质目的是帮助学生自身品德发展、满足学生精神世界需求，使其能够更好地参加、适应社会活动和交流，甚至创造新生活。由于学生的品德形成和检验都需要依赖社会活动和交流，所以在学校进行品德教育时，应该将社会交往和参加社会活动当作德育教育过程的基础环节，必须让学生尽可能多地进行社会活动。

活动和交往的性质、内容和方式不同，对人的品德的影响的性质和作用也不同。德育过程中的活动和交往是一种教育性活动和交往，与一般的活动和交往不同，其主要特点包括如下内容。

首先，德育过程中的活动和交往是在教育者的指导下开展的，是服从德育任务要求的，具有明确的引导性、目的性和组织性，而不是自发的、盲目的、无组织的。

其次，德育过程中的活动和交往的内容和形式主要是德育实践中的活动和交往，而不是一般的广泛的活动和交往。在学校德育过程中，组织学生活动和交往的内容和形式是多种多样的，如学习活动、各种内容和形式的劳动、社会政治活动、文艺体育活动等。这些活动及其中的人们的交往都能使学生获得社会思想道德经验，形成与人们正常交往相处的关系，并得到实际锻炼。但是，学生的主导活动是学习活动，主要交往对象是老师和同学。

综上所述，学生群体、教师、德育活动和交往是培养学生品德的基础和基本环境。在学生的品德培养过程中，要做到以下几点：首先，学校要积极认真地组织、开展校内德育活动，促进学生交流交往；其次，要认真组织教师集体和学生群体，教师通过集体来认真地组织学生以班级、团队等形式学习品德课程，发挥集体教育作用；最后，适当开发校外群体、开展校外活动。可以充分利用校外群体的活跃性和积极性帮助学生提高学习热情，克服消极因素。除此之外，适当的校外活动可以帮助学生拓宽交流范围、拓宽视野，促进品德提升。

最后，学校需要科学有效地组织德育活动和交往交流。根据学生的品德发展规律，应用教育学、心理学、社交学等原理组织德育活动，保证德育活动有效进行。

(四) 在长期反复、不断提高的教育中形成

学生的品德是在活动和交往的基础上，其品德内容、形式、能力从简单到复杂，从低级到高级的矛盾运动中发展的，也就是通过活动和交往，反映德育要求，引起品德结构的变化，再通过活动和交往，反映新的德育要求，产生新的品德内部矛盾斗争，引起品德结构的新变化，如此循环往复，不断发展。学生品德正是在这种不断施教传道和受教修德的过程中，不断地经过从量变到质变，从旧质到新质的积累而螺旋式地发展上升的。这种积累发展、螺旋上升需要经过长期的、反复的、不断提高的培养和教育。这种长期、反复、不断提高的德育过程符合学生品德形成发展的规律。

第一，人的品德既然是按照社会思想政治准则和法纪道德规范行为时表现出来的稳定特征和倾向，而不是偶然的或一时的行为，那么，任何一种良好品德的形成和不良品德的克服，都必然要经历一个长期反复的培养教育或矫正训练的过程。不能认为学生按教育者的要求完成了一个正确的品德行动，就断言他已经形成了某种品德或克服了某种不良品德。

只有经过长期的、反复的培养、教育或矫正、训练，使学生形成某种稳定的品德认识和情感，并在它的支配下，一贯地表现出某些良好的品德行为方式，才能形成某种优良的或矫正某种不良的品德。学生不良品德的矫正往往需要经过醒悟、转变、反复到完全改正这样一个复杂的矛盾斗争过程，矫正过程中更需要进行长期、反复的培养教育。至于优良品德行为、习惯的培养或不良品德行为习惯的矫正，那更是一个需要长期的、反复的逐步深入的教育转化过程。因此，学生任何一种优良品德的养成或不良品德的矫正都是长期的、反复的、不断深化的培养教育或矫正训练的结果。

第二，人的品德是由多种因素构成的矛盾统一体，是一种不断发展变化的动态系统，而不是一成不变的凝聚物。一个人某种品德一旦形成以后，虽然是相对稳定的，但并不是固定不变的。在外部环境和教育的影响下，内部矛盾斗争的推动下，它是不断发展变化的，并以此满足自身发展和精神享用的需要，以及适应客观世界的变化和要求。从某种意义上说，人的品德正是在其结构的相对稳定性和不断的变

动性的矛盾运动中形成发展的。因此，只有经过长期的、反复的培养和教育，才能促使学生品德不断地形成和发展。

第三，随着学生年龄的增长，知识经验的丰富，各种能力的增强，活动范围的扩大，接触事物的广泛，社会对学生的要求也不断提高，已有的品德水平与社会的要求不相适应，需要不断提高。何况一个人的品德永远不会达到尽善尽美的境界，任何时候也不可能没有缺点和不足，总有需要不断提高、完善的地方。社会本身也在不断发展变化，原先与社会要求相适应的品德在新的社会历史条件下又须进一步发展提高。因此，品德的培养、教育和提高是长期的、反复的、不间断的过程。

第四，由于意识形态领域里无产阶级思想道德和各种非无产阶级思想道德、正确的思想道德与错误的思想道德、先进的思想道德与落后的思想道德的矛盾斗争是长期存在的，这种长期存在的矛盾斗争必然要反映到学生思想上来，并决定了他们思想上的矛盾斗争的长期性。因此，学生社会主义品德的培养、教育和提高是长期的、反复的，不可能一劳永逸，一次完成。在德育过程中，学生的品德既然是在长期的、反复的、不断提高的培养和教育的过程中积累、发展的，因此，教育者要根据社会的要求、德育的要求和受教育者品德发展的要求，不断组织受教育者的活动和交往，以引起学生主体品德内部系列化的和不断深入的矛盾，并促进、加速其顺利解决，从而使其品德不断向前发展。

第三节 德育教育实施方式与优化

一、德育教育实施方式

（一）提升德育工作的重视程度

随着时代的不断发展，为了提升我国整体的国民综合素质，各大高校近年来也在进行着扩招，这就使得越来越多的青少年有机会进入到大学中接受更高水平的教育。对于我国的高校而言，承担着为未来社会培育有能力的建设者和接班人的重要责任，学生自身的思想品德水平直接决定着我国社会今后的发展方向和发展情景。[1]

---

[1] 徐娟. 大学生道德情感教育的主体维度探析 [J]. 大学教育科学，2019，6(6)：45-50.

(二)注重高校德育实施方式的人文性

对于高校的德育工作来讲,学生应该是受益的主体,一些活动的开展都应当围绕学生来开展和进行,选择的实践活动也更加符合学生所处年龄段的自身特点,这种形式的德育工作从整体上来看更加有针对性,同时最终的效果也更加明显,能够显著提升学生自身的道德品格修养,同时所开设的活动也能够吸引学生主动参与,充分调动了学生参与活动的积极性,促进了整个活动的顺利开展和落实,具有很好的高效性和人文性。

在中国的传统教育模式中,教师是教学活动开展的主体,具有很强的权威性和主导性,学生并没有选择具体学习内容的权利,教学内容的选择和教学方法的制定都是由教师来完成的,这种教学模式只是将学生群体当作一种没有个性、整齐划一的整体,弱化了学生和学生之间体现出来的差异性,而学生本身也被剥夺了自主选择如何学习、究竟学习什么的权利,这种教学模式下所开展的各类教学活动实际上根本无法满足当前社会上对于毕业生的实际需求。在这一方面,国内的高校应该向美国的高校学习,坚持以人为本的思想,注重高校德育实施方式的人文性。

首先,对现有的德育教学方面的教材内容进行改革。在我国高校中所使用的各类德育课程方面的教材绝大多数都是偏重于理论知识的讲解,其中的内容非常枯燥和乏味,一方面根本不能够提升学生的学习兴趣;另一方面也没能很好地帮助学生切实提升他们自身的品格素质。作为德育课程的教材,其内容本应该是以社会中的实际生活作为基础的,向学生进行道德规范的标示。不同的社会时期,这种道德规范都应该是随着时代的发展而不断变化的,只有那些符合社会的实际发展情况以及迎合历史的发展的潮流下所形成的道德规范才具有一定的现实意义。

同时,道德教育的具体内容还应该符合具体受教育人的实际需要,应该以学生所处的实际社会来作为具体德育内容的制定标准,当作开展学生德育工作的重要基本途径。为了增强这些教材内容的吸引力,在进行教材的编写时,还需要在其中加入一些符合学生本身发展特点的内容,同时结合他们具体的爱好和兴趣,着重强调其中内容对于学生分析等方面能力的进一步培养。在课程设置上,德育课程还需要解决其中存在的层次性和重复性等问题。

其次,在开展德育工作的过程中,还需要树立一个正确的师生观念,在教师和学生之间建立一个平等的关系。在传统的中国教育系统中,教师往往处于一个至高无上的地位,教师传授的内容往往被奉为真理,教师所传授的所有东西都要求学生能够无条件接受。针对这一问题,在进行德育教育的改革过程中,教师应该转变原有的观念,和学生进行更深一层的合作和交流,主动地去了解自己学生的实际需要和性格爱好，这样才能够更好地做到因材施教，最大限度地发挥德育教育工作所应该起到的积极作用，这就要求教师在进行教学的过程中能够充分发挥学生应该起到的主体作用。

最后，中国的高校还应该构建一个能够发挥学生在教学过程中起主体作用的一类新的教育体制，在现有的教育体制中，大多是以学生的成绩作为衡量一所高校办学质量和水平的唯一标准，这在很大程度上维持了教师本身的权威性。因此，当前最重要的就是需要高校能够对现有的教育体制进行改革，使学生、教师和高校各个主体得到进一步的解放，只有这样，才能够真正使学生做到德、智、体全方面发展。

二、德育实施方式的优化

（一）重视德育目标设定的层次性

当前我国国内的绝大多数高校在德育工作目标的设定上太过于注重其方向性，而没有具体联系到实际的情况就树立了一个相对不切实际的发展方向，这就使得所选择的工作目标太高，没有经过一个层层阶段的积累和过渡，缺乏一定的层次性和时代性。对此，在进行学生德育工作的目标设定时，一方面应该考虑到高校本身的环境特点，另一方面还应该结合学生自身的实际条件，前者主要体现在不同高校的学生在自制力和素质等方面都存在比较明显的差异，而后者则体现在不同年龄段的学生无论是思想还是自身的行为控制上都存在比较大的差异性。因此，在进行德育工作目标的建立时，应该秉持着循序渐进以及符合自身学生特点的原则来进行。[1]

同时，可以根据不同学习阶段的学生进行不同层次的目标建立：一方面，这样的目标更加容易实现；另一方面，通过德育工作的不断推行，也能从中吸取到更多的经验，进而融入未来阶段的目标设定过程中。同时，在进行目标设定时还需要秉持着以实践为基础的重要原则，通过这些目标的实现，来帮助国家培养对于社会的发展和和谐社会的不断进步能够起到积极促进作用的优秀人才。

（二）发挥学生教学活动的主体作用

我国的高校教育形式一向都是由教师单向地向学生灌输教学大纲中所蕴含的知识点，这种教学方式过于强调了德育工作主体所具有的系统性、规范性和统一性，这些都是显性教育所具有的特点。针对这一现象，高校应该在维持原有教学形式的基础上，在教学工作开展的过程中，积极运用一些隐性的教学方法，这种教学模式本身具有分散性强、渗透性明显的特点。将隐性的教育形式融入原有的显性德育教

---

[1] 姚尧，智亚卿. 让德育课程成就幸福——从德育价值观视角审视我国德育课程的发展 [J]. 现代中小学教育，2020，36（2）：14-17.

育工作中，使得两者之间能够得到互补，更好地促进了德育工作的有效开展。

教师在进行理论知识传授的同时，不能忘了帮助学生将这些理论更好地融入实际的生活中，真正做到懂得运用。我国高校在开展德育工作时，一方面要注重课堂上的知识灌输，也就是显性的教育工作；另一方面，还应该注重一些隐性教育的实施，将关乎学生思想品德方面的教育工作渗透到高校的方方面面，这种两者有机结合的方式才能够最终实现教书育人、服务育人、管理育人和环境育人等的目的。

(三) 有效借鉴国外思想文化的优秀部分

实践是检验真理的唯一准则，对于高校德育工作的开展也是如此，但是在当前我国的绝大高校中，开展德育工作绝大多数都是依赖于理论课程的开设，这对于帮助学生快速提升自身的思想品格在很大程度上起到了限制的作用。对此，一方面，国家的教育部门和高校所处地区的地方政府应该积极调动一部分专项资金鼓励高校进行实践活动的开展；另一方面，教育部门还应该敦促各个高校加强实践基础设施的建设，帮助高校完善自身的实践教学体系，在这一方面，教育部门可以适当地建立考核机制，对于那些不符合实践活动开设规定的高校，应该予以敦促和指正。同时，在对于教师自身教学能力的培养上，师范类有关院校还应该注重这些未来教师力量实践组织能力的培养，通过提升教师本身的综合能力，从根本上提升实践活动的开设效果。

同时，高校在活动的开设次数上也需要有一定的保证，实践活动的开设可以涉及多个方面，以爱国主义教育实践活动为例，高校在开展具体的爱国主义教育实践活动时，可以组织各式各样的活动，如社会调查、专题报告和学生之间的课题辩论等，通过参与这些具体的活动，学生能够切身体会到其中所蕴含的爱国内涵，进而升华自身的社会责任感。

第三章 体育及其与德育、智育的关系

在体育教学过程中往往包含了德育的任务。体育是培养学生道德品质、树立人生观的重要手段。本章探讨体育的组成与功能、分析当代高校体育的地位、目的与任务，并对体育与德育、智育的关系进行解读。

第一节 体育的组成与功能解读

体育概念的出现，远没有人类社会体育实践活动那样悠久，体育活动是在人们社会生产和生活中产生的，萌芽于原始社会，体育一词在20世纪初传入我国，当时它单指身体教育，是一门学校课程。在这之前，我国只有武术、导引等运动项目的具体名词，而没有体育活动的统一概念。体育的概念有两个：①广义体育（体育运动），以身体练习为基本手段，以增强体质促进人的全面发展、丰富社会文化生活、提高精神文明为目的的一种有意识、有组织的社会活动，既受一定社会政治经济的影响和制约，也为社会政治、经济服务；②狭义体育（身体教育），通过身体活动，传授锻炼身体的知识、技能、技术，达到增强体质、培养道德和意志品质的目的，它是有计划的教育过程，是教育的组成部分。[①]

一、体育的组成

第一，学校体育。学校体育是在各个学校开展的有目的的体育教育活动，旨在提高学生身体素质，教授体育知识、技能等，同时也可以培养学生的意志品质。学校体育是体育的一部分，也是教育的一部分。我国体育事业的发展离不开学校体育。学校体育教育的主要目的是锻炼学生的身体、增强体质，培养学生的意志品质及终身体育的思想。学校体育由体育课、课外体育活动、体育训练和课外比赛竞技四个部分组成。

---

① 李平，刘宇星，黄佑琴.大学体育与健康教育[M].北京：中国经济出版社，2007.

第二，竞技体育。竞技体育可以最大限度地激发人们的潜能，使人们的体格、体能、心理、运动技能等能力得到锻炼。人们为了在比赛中获得好成绩，会进行一系列的科学训练和比赛，这些都属于竞技体育的一部分。竞技体育是文化领域中特殊部分之一，在体育领域中占有较高地位，也是世界体育文化的主体，在大众文化中也具有很高的地位。竞技体育将人体的能力发挥到极限，观赏性和感染力较强，另一方面，也可以凝聚、团结民族力量，振奋民族精神。

第三，社会体育。社会体育主要是人民群众为了锻炼身体、进行康复训练、休闲娱乐等而进行的体育活动，它的形式多样，受众广泛。社会体育主要群体是人民群众，涉及社会生活的各个领域，包含的内容也十分多样，如娱乐体育、休闲体育、养生体育、医疗体育等。当今社会，人们不断提高对自身的发展重视程度，对自身知识水平和身体素质要求也更高。身体素质主要是围绕身体健康、体形、精神状态和自身气质等，人们会有选择地进行社会体育和学校体育活动来提高自身的身体素质。

二、体育的功能

体育的功能产生于体育的本质和社会的需要，并在促进社会物质文明和精神文明方面表现出来。体育的功能具体如下。

(一) 健身功能

体育是以身体的直接参与来表现的，这是体育最本质的特点，它决定了体育的健身功能。

第一，改善大脑供血和供氧，提高中枢神经系统的适应能力，能使人心情舒畅，调节社会、生活和工作的压力。

第二，促进人体的生长发育，加速新陈代谢。

第三，对人体内脏器官构造的改善有着积极的作用。

第四，刺激骺软骨的增生，促进骨骼的生长。

第五，提高肌肉的工作能力。

第六，提高人体的免疫力、抗疾病能力和心理承受能力。

第七，提高对自然环境和社会环境的适应能力，预防疾病，延缓衰老。

(二) 娱乐功能

体育运动既可以帮助人们提高身体素质，也可以获得精神上的愉悦，陶冶情操，人们可以在运动中暂时放下繁忙的工作，让身心获得暂时的休息。实现体育娱乐功能的主要途径是参观和参与。体育运动具有极高的观赏性，尤其是高水平的竞技体育活动，能够展现出力量与速度的完美结合，让观众欣赏到人体力量和运动之美。另一方面，体育活动可以让参与者彼此相互配合，在与他人的竞技中获得不一样的身心体验，娱乐自身。

(三) 促进个体社会化

人的社会化就是个体社会化，是人从生物人变为社会人的过程。而在这一转变过程中，体育运动扮演着重要角色。人们学会的基本生活技能都是通过体育运动获得的，刚出生婴儿的被动体操、儿童的打闹嬉戏、长大后适应社会等，都需要通过体育活动获得。人们在进行体育运动时，必须遵守体育规则，通常由教师或教练告知规则并进行监督，这一过程就是让人们养成遵守社会规则的行为习惯。体育运动具有社会性，在体育运动中，人们相互交流，彼此默契配合，可以促进人际交往，提高人们的沟通能力。为了促进人类社会健康发展，应在社会各类人群中普及健康和体育运动相关知识，使青少年、中年人、老年人等不同年龄段的人都能通过获得的体育知识，进行健康的体育活动，培养健康的生活方式。在促进个体社会化方面，体育已经深入社会生活的方方面面，扮演着重要的角色。

(四) 教育功能

体育是教育的重要组成部分，体育的教育功能也是它最基础的功能。人们参与各类体育活动的同时也在接受教育，无论是在学校、俱乐部还是训练场及其他各类场所的锻炼，都会有教师、教练和同伴进行指导和教授。尤其在校学生处于身体生长发育阶段，也处于世界观、价值观的形成时期，进行体育运动，不仅可以提高学生的身体素质，增强体质，还可以让学生接受意志品质和思想道德规范等方面的教育。同时，体育具有群体性、国际性、礼仪性和竞技性等特点，可以向人们传递某种价值观。此外，还可以激发群众的爱国热情，增强民族凝聚力，教育人们积极健康发展。人们在观看体育比赛和参与体育活动过程中也会受到社会的影响，接受社会教育。

(五) 政治功能

体育和政治客观上相互关联，不论是哪个国家，体育都要服从政治，政治对体育永远具有领导权。体育在政治中主要有两个作用：一是在国际比赛和交流中具有重要作用；二是在群众体育中具有重要作用。国际比赛可以反映出一个国家的实力，从一个国家竞技体育水平的高低可以看出一个国家政治、经济、文化等方面的发展情况。从这一意义上来看,体育竞赛就像和平时期的战争,在竞技比赛中取得胜利可以增强人们的民族自豪感,提高国家在国际上的地位。此外,体育还可以增进不同国家之间的文化交流,服务于外交,通过国际比赛连接不同国家,促进交流合作和友好往来。

(六)经济功能

经济发展为国家发展提供物质保障,体育的发展也离不开经济的支持。一个国家的体育运动发展情况通常可以反映出这个国家的经济发展水平。经济发展促进体育发展,体育运动的发展又可以推动经济进步,如今,体育作为第三产业,在经济中的地位日益提升,与商品经济联系日益紧密。发达国家体育的经济功能得到了充分的利用,而我国在这方面的发展还比较滞后。体育运动主要从两个方面获得经济收益:第一是大型运动会,通过售卖门票、印发纪念币、邮票、体育彩票等获得收益;第二是日常体育活动,利用体育设施,组织热门体育项目比赛,开展娱乐体育活动,售卖体育服装、体育设施,同时组织旅游活动、体育咨询等来获得经济收益。

第二节 当代高校体育的地位、目的与任务

一、高校体育的地位

高等学校体育是体育非常重要的组成部分,在培养学生全面发展、提高综合素质方面具有不可替代的作用。

第一,高校体育的主要目的是培养学生身心健康发展。高校体育可以帮助学生提高身体素质,促进智力发展,提高个人能力,同时也是健全人格,增强意志品质的重要教育形式。

第二,高校体育也是国民体育的基础,为我国体育事业储蓄人才。人的生长发育具有规律性,高校体育可以促进大学生身心健康发展,提高身体素质,对他们的未来产生深远的影响。和一些发达国家相比,我国大学生的身体素质有待提高,传统观念需要改变。

高校体育需要不断改革,传播终身体育理念,让大学生具有体育意识,培养学生体育能力,教授科学锻炼的方法。这样一方面可以让大学生养成终身锻炼的习惯;另一方面也为全民健身活动奠定了基础,让大学生成为群众体育锻炼的组织者,从而推动我国体育事业发展。

在当代竞技体育发展中，越来越多的竞技比赛和训练使用了高科技，这也对运动员提出了更高的要求，要求运动员不仅要有强健的体力，而且要有智力，这样才能提高整体运动技术水平，在竞技比赛中获得好成绩。高校的体育师资和科研团队相对来说是最好的，大学生在体育能力和智慧方面也占据优势，因此高校体育更应该充分利用好优势资源，为我国竞技运动的发展培养人才。[①]

第三，校园精神文明建设也对高校体育发展提出了要求。充满朝气与活力的大学生，对健康文明的课外文化生活有着更多的精神追求。高校体育教育可以创新教学方法，例如，通过开展体育卫生知识讲座，让大学生感受体育文化，获得体育相关知识；通过组织观看体育比赛，培养大学生审美观念；此外，还可以利用课余时间开展体育活动，让大学生在忙碌的学习中得到放松，改变生活习惯，陶冶情操；还可以在体育活动中培养大学生的进取心、团结协作能力、顽强的意志品质和爱国精神等。在校园中多开展体育活动是校园精神文明建设的重要方面，有利于促进大学生健康发展，养成健康的生活理念，丰富学生的课余生活，帮助学生摒弃不良的行为习惯。

二、高校体育的目的与任务

（一）高校体育的目的

高校体育学习的目的是让大学生通过学校体育的学习，了解体育与健康的基本知识，明确体育在促进人类健康发展、提高素质方面的重要作用，从而养成良好的生活习惯并提高自身健康水平。为社会培养德、智、体、美全面发展的人才，是高等学校教育的主要目标，也是高等教育发展过程中的指导方针。高等学校体育学习目标应该满足高等学校教育对体育提出的要求，并与高等教育发展过程中的指导方针保持一致。

高等学校体育是必修课，学生必须要按照规定完成相应的学习内容。让学生参与到体育活动中并自主学习体育知识，可以提高学生的身体素质和健康水平，促进学生身体健康，改善学生器官构造和身体机能。学生通过技能学习，养成自觉坚持锻炼的好习惯，进行自我监督和检查，不断完善自身体格。

《全国高等学校体育课程教学指导纲要》对大学体育课程目标做了详细的规定，将大学体育课程目标划分为两个层次：一是基本目标与发展目标；二是五个领域，即运动参与目标、运动技能目标、身体健康目标、心理健康目标、社会适应目标。

---

① 李鹰. 体育教学方略 [M]. 上海：上海教育出版社，2012.

在领域目标上，将体育课程目标从知识、技能、情感领域对体育课程的特点进行了扩展，使大学体育课程目标更加具体，操作性更强。具体目标如下：

（1）运动参与目标：形成自觉锻炼的习惯与意识，具备体育文化欣赏能力，能制订个人锻炼计划或运动处方。

（2）运动技能目标：熟练掌握两项健身运动的基本方法和技能，以及常见的运动创伤的处置方法。

（3）身体健康目标：能测试和评价体质健康状况，掌握有效提高身体素质、发展体能的知识和方法，养成良好的行为习惯，形成健康的生活方式，具有健康的体魄。

（4）心理健康目标：根据自己能力设置体育学习目标，自觉通过体育活动改善心理状态、克服心理障碍，形成积极乐观的生活态度。运用适宜的方法调节自己的情绪，在运动中体验运动的乐趣和成功的感觉。

（5）社会适应目标：表现出良好的体育道德和合作精神，正确处理竞争与合作以及体育活动中的人际关系。

(二) 高校体育的任务

为了有效地增强学生的体质，达到学校体育教育的目的，高等学校体育要完成下列基本任务。

（1）全面锻炼学生身体，使之增强体质，增进健康，提高抵抗疾病与适应环境变化的能力。

（2）系统地传授体育的基本知识和技能，激发学生参加体育锻炼的兴趣，养成自觉锻炼身体的习惯，提高体育文化素质，为终身体育奠定基础。

（3）通过体育向大学生进行思想品德教育，培养良好的思想品质和道德风尚，促进学生个性和身心和谐发展。

（4）发展大学生的体育才能，提高运动技术水平，保证体育进一步普及。

第三节 体育与德育、智育的关系

一、体育与德育

体育活动的丰富多彩吸引了青少年参加到不同的体育运动项目之中，而这些不同的运动项目培养了学生勇敢、沉着、果断、坚定的意志品质。青少年大多乐于参加集体体育活动，在体育活动中通过对组织纪律和规则的遵守，对体育器械设施的爱护，对同伴的帮助，培养了学生的组织纪律性和集体主义精神。体育竞赛的竞争、评比和奖励等，能够促进学生的竞争意识，激励学生奋发向上、努力拼搏。通过比赛的胜与败，不断地磨炼学生在胜利面前戒骄戒躁，在失败面前不气馁的思想品质。通过体育比赛的颁奖，特别是国际大型比赛的颁奖，对参与者、参观者都有着精神上的满足，这种情感教育使他们在不知不觉中树立为集体、为国家争得荣誉的责任感。[①]

体育活动是一种积极向上、丰富余暇生活的手段，通过积极地参与体育活动，可以防止和纠正学生的不良行为，达到精神文明教育的目的。因此，体育与德育存在有机的联系，并互相促进。

二、体育与智育

体育与智育之间相互关联、辩证统一，体育对学生的智力发展有着积极的促进作用。通过体育锻炼能够增加大脑的重量和皮质厚度。通过运动技能的学习，刺激大脑皮层处于积极活跃的活动状态，促进大脑神经中枢的发育，使学生思维敏捷，判断迅速、准确。通过体育活动提高血液的携氧能力，改善大脑供氧，提高大脑工作能力，使学生具有丰富的记忆力、集中思考的能力。

随着素质教育的全面推进，体育教学逐渐受到关注和重视，而智育与体育的相互渗透已经成为当前的一个热门课题体育不仅能促进人体机能发展，还能有效提升学生的注意力、观察力、反应力、想象力和思维能力，促使学生形成良好的道德品质和意志。而扎实的文化功底也能促进学生体育成绩的不断提升，因此，将智育与体育相互渗透，是促进学生全面发展、保证学校教育可持续发展的有效途径。

（一）在体育训练中认识智育作用

"体教结合"是新课改背景下加强学校体育工作、推进学生素质教育的一项重要举措，充分体现了体育教育事业的根本目标。现代科学证明，学生智力的发展依靠的是脑神经，而脑神经发育与体质的强弱具有直接关联。因此，体育不仅能够强健学生的体魄，还能提升学生的智力。而智力发展可进一步促进学生对体育知识和理论的掌握和运用，加深对体育的正确认知，促使学生积极投身于体育锻炼，在强健体魄、提升体育专业成绩的同时，促进智力发展。"体教结合"是增强学生体质、提升学生智力的重要途径，有利于学生的全面发展，学校对此应予以高度重视。

---

① 赵洪明，张力彤，吕然. 大学体育实践教程 [M]. 北京：国防工业出版社，2014.

(二) 采用群体策略，营造运动文化

将培养学生形成健康的体育生活方式作为学校体育教学的重要目标之一，在加强学生体质健康的基础上开展"阳光运动"。将体育运动融入学生生活，促使学生形成自觉锻炼意识，养成良好的运动习惯，以更好的体质为学生未来的学习和生活提供支持。采用群体策略，鼓励全体学生与教师积极参与学校运动，在校园内形成浓郁的体育运动氛围，让学生在忙碌的学习生活中重视体育，并自觉地参与体育运动，最终实现以体育促智育的目的。

(三) 在体育技能培养中融入智育

竞技运动是体力和技巧的较量，也常常伴随着智力的较量。以三门球运动为例，三门球运动是一项"心技高于技艺"的运动，即运动者除了具备良好的身体素质、运动技巧、临场反应外，更要具有较高水平的"谋略"。三门球运动和其他球类竞技项目最大的不同在于它始终处在一个三方较量的态势中，三个队都想获胜，矛盾尤显尖锐复杂。可以说，三门球运动不仅是一门球类运动，更是一项益智运动，对开发运动者的智力具有十分重要的意义。基于此，把三门球作为特色体育项目，在实际教学中，教师不仅教授运动技巧，还充分融入思维、分析、综合、判断、推理等知识教学，以提升学生的智力，真正实现体育与智育的有机结合。总体而言，体育与智育相互联系、辩证统一。智力的增长和发展，要求体力也要得到相应发展，而人体素质的提高又会改善智力，从而对学生的体育能力和学习成绩产生一定的影响。

第四章　体育教学分析与体育教学设计

体育教学作为教学体系内的重要内容，对学生的德、智、体、美、劳各方面综合发展有着很大的影响。在新兴的教育理念下，学生的全面发展要求各学校重视体育教学的研究。本章围绕体育教学的学生与教师角色分析、体育教学教材分析与内容选择、体育教学目标分析及其设计、体育课结构设计展开探究。

第一节　体育教学的学生与教师角色分析

一、体育教学的主体——学生

（一）学生生长发育的基本规律和特点

1. 身体生长发育的波浪性和阶段

人体青春期的生长发育通常由两个紧密衔接的重要阶段组成，且各阶段都会经历上升—顶峰—下降的发育变化过程。同时，各阶段的发育速度也不均衡，有快有慢，具有明显的波浪性特征。因此，人体不同器官系统的发育顺序和速度也不同，一般情况下，人的神经系统最先发育，其次是淋巴系统，这两个系统的发育速度呈现出由快到慢的趋势。按照发育顺序依次为运动、呼吸、心血管、泌尿、消化、生殖这几大器官系统，这些系统的发育速度则呈现出由慢到快的趋势。

综上所述，人体青春期的身体发育具有显著的阶段性、连续性、波浪性和程序性等特征，而人的身体发育状况与各项身体素质的发展直接相关，对其具有关键性决定作用。身体素质的发展顺序和速度也符合上述特征，呈现出有快有慢、有早有晚的趋势。

人的身体素质随着身体的生长发育而不断增长，增长速度也各有不同。按照达到顶峰及平稳发展期的时间对所有素质进行排序，依次是：速度、灵敏、柔韧、耐力、力量、速度耐力、力量耐力。

身体素质按照上述顺序增长，与人的身体发育速度息息相关。众多素质中速度和灵敏的增长速度最快，最早进入稳定发展期，这主要是由神经系统的发育决定的，人体进入青春期后，神经系统的发育速度最快，所以速度和灵敏自然也就增长得最快，最早达到峰值。

决定人体力量是否强劲的关键要素是肌肉细胞是否足够粗壮、肌肉的生理横切面积是否够大。而人体生长发育的程序性特征表明，人体各组织长度的发育往往比围度、宽度的发育更快，且更早达到高峰期和平稳期，也就是说，人的身高发育比体重发育早。人体进入青春期后，其身体各组织的长度（骨骼、身高等）优先快速生长，此时肌肉细胞细长、横切面积小，力量素质自然会比较差；当身体长度的生长速度达到高峰并开始减缓以后，各组织的围度和宽度开始进入快速生长期，使肌肉细胞开始变得粗壮，横切面积不断扩大，进而变得越来越有力量。由此可见，力量素质的发展是一个比较漫长的过程。

速度耐力与力量耐力的增长必须以无氧代谢能力的增强及力量素质的增长为前提。人体进入青春期后，虽然身体各方面的机能都在飞速发育，新陈代谢旺盛、生物氧化迅速、氧气需求量大，但是血液中的血红蛋白与肌肉中的肌红蛋白的数量都比较小，心肺功能发育还不完善，无氧代谢能力相对较弱。因此，速度及力量方面的耐力较差、增长速度较为缓慢，在所有身体素质中发展速度最慢。

2. 生长发育的不均衡性

在人的青春期阶段，各身体组织的生长发育速度具有顺序性和波浪性特征，也就是说尽管人体的所有组织部位都在发育，但发育的速度有快有慢，进入稳定期的时间有前有后。这种生长发育的程序性特征具有如下几个规律。

（1）头尾规律。在人体发育的两个高峰期中，首个高峰期是一岁之前，由头大、躯干长、四肢短小的新生儿快速生长为各身体组织发育平衡的孩童，这一阶段人体身高和体重取得飞速增长。第二高峰期是青春期，这时身体各组织的长度（身高）快速生长，但头部发育非常缓慢。人体发育成熟后，通常头部占整个身体比例的12.5%，躯干短，下肢长。综合人体的全部发育过程可以发现，人体各组织的生长程度从少到多依次为：头部—躯干—上肢—下肢。

（2）向心规律。通常情况下，人类7岁后的身体发育基本都会按照从肢体远端到近端（双脚-小腿-大腿-手部-胳膊-躯干）的向心规律顺序生长。

（3）高重规律。人体的生长发育具有程序性，各组织长度的发育通常会比围度和宽度发育得更早，也就是说，骨骼的成长先于肌肉，人在成长过程中往往先增长身高，再增加体重，这也就是为什么很多青春期的孩子看起来瘦瘦高高，像缺乏营养一样。

3. 生长发育的统一性

人类身体和心理各方面的发育具有不均衡性，但都遵循由量变到质变的转化规律。生理机能水平的高低很大程度上取决于身体结构的发育，而人体各项素质的高低在运动能力的层面上则直接表现为身体结构及生理机能的发展水平。人体生理机能和各项素质的增长一定会伴随着心理层面的发展。这些要素之间协调统一、互促互进，具体表现如下。

（1）身体结构、素质及生理机能三者之间的增长速度紧密相连。身体结构、生理机能的生长速度加快，则各项素质的增长速度随之加快，反之亦然；当两者进入稳定期后，身体素质也同样进入稳定期。进入青春期后，人体各项素质飞速增长，特别是女性的增速惊人，在12岁左右各项素质就已经基本发展成熟。过了青春期，人体素质的增长速度会随着身体各项机能生产速度的减缓而减缓，当身体停止发育时，各项素质的增长也随之停止，保持长期平稳状态。

（2）身体素质与身体结构之间的发展存在某种内在关系。将人体生长发育两个高峰期中的身高、体重、胸围等关键身体结构要素与人体各项素质的发展比例放在一起，通过详细对比分析能够明确得出：第一高峰期中组织长度（身高）的增长速度要比第二高峰期的增长速度快。

（二）青少年体质的现况

随着我国改革开放的不断深入，经济发展越来越快，人民生活水平不断提高，青少年生长发育加速，青春期提前到来，但同时，青少年体质也出现了令人担忧的状况，可以概括为以下几个方面。

（1）青少年体质全面下降。在当今我国青少年的身高、体重、胸围加速增长的同时，青少年体质却全面下降。如果学生的身体素质和机能出现了下降趋势，他们一生的健康都会受到影响，甚至会引发心理健康问题。此外，精英阶层的能力决定了中国社会在未来发展中的整体国家竞争力，许多精英阶层人物在中学时期成绩都较为优异，如果这一时期他们的身体素质较差，很可能没有良好的身体去应对未来社会环境的激烈竞争。

造成青少年身体素质下降的两个主要原因：一是现在的教育对升学率过于重视，导致学生肩上扛着太多的负担，片面注重学习，而不进行体育锻炼。二是现代生活方式，现代生活方便了人们的出行，比如电梯和汽车等减少了学生活动的机会。

（2）城市青少年肥胖。大量青少年进入到肥胖人群，说明人们并没有进行适当的社会行为,另外,肥胖除了给人带来健康问题之外,还极大地浪费了社会资源。人们的生活方式和思想观念在社会发展到一定阶段后需要受到重视和改变。

过量的肥胖会给人的身体造成负荷,从而产生疾病,同时也不利于人的心理健康,可能会对人们日后生活中的经济和健康带来消极影响。

青少年的体质影响着国家的竞争力。中国将大量金钱、精力和时间投入到培养未来青少年的进程当中,而这样却产生了许多"胖子"。学习能力强但身体素质差的孩子在新世纪的国际竞争当中很难扛起民族振兴的重担,因此,体育的正确理解是十分重要的,体育应当受到人们的支持和推进,学生身体素质教育是学生体质健康的根本保障。

(三) 针对青少年体质问题的重要策略

面对我国青少年体质下降的问题,增强青少年体质、促进青少年健康成长,进一步加强青少年体育锻炼等,对于培养中国特色社会主义事业的合格建设者和接班人,具有重要意义。

健全学校的体育工作机制,使学生能够有时间和机会去参与体育活动,同时,学校可以举办体育竞赛或活动、加强建设学校的体育师资队伍,建设青少年体育网络,使家庭、社区和学校三者都能够参与进来,培养学生健康良好的生活方式,对学生进行教育,使其对体育运动充满热爱和崇尚,在学习生活中也能对体育活动有所重视。

二、体育教学的主导——体育教师

(一) 体育教师的角色定位

教师的角色特征随着社会的变化,而呈现出累积性的发展,有着外延缩小而内涵扩大的演变规律。教师在原始社会是长者角色,而在奴隶社会和封建社会,教师则承担着文化知识者的角色,经过工业社会的知识传递者角色,到了信息社会,教师成为促进文化知识的传播者。社会在长时间进程中对教师给予过高的期盼,促使体育教师有了自身的角色意识,使其过度注重自身的工作担当、行为和态度,教师本身的角色定位,使得体育教师在学校中以此为基础来开展工作,对自身的行为和思想进行过多约束,这是不应该的,应当改之。

当前,国内外课程改革受到了构建主义教学理论的很大影响。在这一理论中,人并不是被动地接受知识,在学习知识时,人是结合自己的经验进行建构的。对于学生,教师应当促使其建构自己的知识体系,而不是单纯地复制知识;教师的教学应当让学生以塑造新的知识信息为目的，使学生能够主动创造；教师应当在互相矛盾的事物中进行角色表现，从而让学生产生不平衡的认知，以此来引导学生的思维，使其发现问题、反思问题；教师应当对学生的思考进行引导，通过开放式教学参与到学生的探究中，不断地更新课程理论，使得课程环境产生变化，使学生从独立学习到合作学习、单方面发展到全面发展、接受学习到探究学习、被动学习到有计划学习、单向传递到多向传递的转变。

（二）体育教师的主导性

关于体育教师的主导性的含义，概括起来主要有以下理解：

首先，主导属于对立哲学范畴，在矛盾中指对立双方的决定和主要方面。

其次，主导在传统教学论术语当中发展而形成现代教学论术语，启发和主动地推动指导。

再次，教学过程中的主要矛盾是教师和教材之间的矛盾，学生与教材的连接是通过老师这一中介联系的，这一主导作用就是中介作用。

然后，主导就是领导，主要是由于教师会对学生的知识的认识途径、认识质量和结果起主导作用，教师是主要负责人。

最后，辅助教学和支持教学是教学的本质，学生的学习态度直接决定了教学成效，在教学过程中，教师的主要任务是辅助学生。

学生的主体性与教师的主导性相对应。在教学过程中，教师的主要责任和地位是主导性的表现，而主导性又包括对学生的诱导、领导和指导等。

1.体育教师主导性的主要内容

（1）使体育教学指导思想贯彻到实践中。在时代发展的同时，体育教育也在发生变化，体育教材和实际教学是这一变化的直接体现。将指导思想贯彻到教学过程中是体育教师的重要任务之一，在这一过程中，体育教师是主导者。

（2）选择教学内容并加工教材。体育教师能够成为学生与体育教材之间的中介，其重要任务就是选择并加工合适的体育素材，使其成为一套教材。体育教师应当结合学科与社会要求和学生需求搜集教学素材，寻找合适的教学内容。

（3）选择的教学手段和方法应当适合学生。教材对相应的教学手段和方法有一定要求，这一要求会对体育教学方法选择的正确与否产生直接影响。教师应当灵活地运用教学方法，设置教学情境，使学生能够更好地理解并加以学习。在对体育教学方法的选择和运用过程中，教师是主导者。

（4）评价体育学习结果。教师应当评价学生的学习效果和学习态度，以此来激励学生，从而形成最终的综合性评价，在评价中，应当结合学生之间的自我评价和互评。在体育学习评价这一过程中，体育教师是主导者。

（5）创造与学生相适应的体育教学环境。体育教学对环境的要求较为特殊，整体环境应当安全并且美观舒适。在这一环境中，教师可以创造良好的教学情境，使学生能够更好地掌握知识和技能，在体育教学环境的创造中，教师是主导者。

2. 体育教师主导性的发挥条件

要有效地凸显教师的主导地位、充分发挥其主导作用，首先要明确教学目标。只有确立了清晰明确的目标，才能有针对性地开展教学活动。其次，要明确主导对象，只有符合教学对象发展特征、需求及实际情况的教学方案才能真正发挥作用，保证教学质量；最后，要明确教学路线，为教学活动提供依据和方向。这要求体育教师必须具备以下条件。

（1）知识要求。体育教师在知识掌握的深度和广度方面都有明确的要求，具体表现在：①基础知识方面：要博物多闻，掌握尽可能多的科学和人文知识，尤其是在新媒体技术应用日益广泛的教学现状下，体育教师不但要熟知电脑、图文处理、常用语言等应用性知识与技能，同时还要熟悉美术、舞蹈等艺术类知识及逻辑推理、科学研究等方法类知识；②教育知识方面：需要对教育学、心理学等现代教育知识有全面深入的研究和领会，精准把握教育发展的规律，明确不同阶段学生的发展特征及需求，且能熟练掌握、灵活应用各项体育教学方法；③专业知识方面：要专而精，通晓各类人体生物学科理论及体育相关发展历史、操作原理和方式方法等。上述知识内容要按照"金字塔"形式逐层夯实，形成一套密切相连、相辅相成的科学知识体系，为高成效地开展体育教学活动提供保障。

（2）能力要求。体育教师需要具备的能力主要包括：①组织管理能力。要能根据教学目标和学生发展特点有针对性地制定切实有效的教学内容，在课堂和课外活动中还要注意劳逸结合、寓教于乐，有效调动学生的学习积极性和主动性，这些都需要组织管理能力的支持。②表达能力。需要灵活、有效地借助各种语言、肢体动作和图标等形式，深入浅出、清晰准确地传达教学内容，让学生快速理解学习的知识。③体育科研能力。要善于发现、研究并采用科学有效的创新手段来有效处理教学活动中遇到的各种问题。④熟练应用现代化教学技术的能力。

（3）素质要求。主要包括三个方面：①要有殚精竭虑的奉献精神和以身作则的社会责任感。②要紧跟时代发展步伐，树立终身学习意识，不断充实自身的知识、技能等素养。③在行动上要脚踏实地，在思想上要高瞻远瞩，以推动学生身心健康发展、帮助学生树立终身体育意识为目标兢兢业业地当好学生成长道路上的"引路人"。

三、体育学习中主导性与主体性的关系

教师的主导性在体育学习中也可以被认为是指导性,主要指教师指导学生学习的强度和质量。学生的主体性是指学生在学习过程中拥有自身的学习目标和学习动力,而清晰的目标和强大的前进动力之间的连接,能够促进整个学习过程。

(一)教师主导性和学生主体性的统一

学生的主体性学习能够在教师的良好指导下更好地发挥出来,在学生与教师的互动过程当中,教师的正确指导结合学生的积极学习能够极大地促进整个学习过程。如果学生在学习中缺乏积极性,则体现出教师指导方式的不恰当和不正确。同时,我们也不能对立地看待学生的主体性和教师的主导性。过分地强调学生的主体性是对学生的暂时放任,这种教学方式不利于教学目标长远发展,虽然课堂氛围较好,但学生的学习目标并没有指向性,许多危险因素依然存在。如果一个课堂教师被指责指导性过强,反而说明教师并没有较强的主导性。如果学生的积极性并没有被调动起来,那么教师的主导就是无效的。另外,应当正确认识体育教学中的纵向师生关系,防止课堂中产生"放任"现象。社会对教师和学生的定位直接决定了体育教学中纵向师生关系的存在;而这一关系的存在使得在师生关系当中,教师处于中上位置并占据主导地位。

教师应当积极热情地指导和关心学生,为学生提供教学服务,让学生在教学中能够获得帮助,同时,教师还要为学生制订具有针对性的学习计划和学习策略,教师应当积极地成为学生的朋友。但是教师传道授业解惑这一职责的重要性也是绝不能忘记的,教师是传授和管理知识的主体,不应当削弱和动摇教师在整体教学过程中的主导地位和主导作用。

(二)教师主导性和学生主体性相辅相成

一方面,从词语方面来看,主导性和主体性是不对称的,一些学者就想用双主体的说法来诠释,但是这一说法混淆了教师和学生之间的关系,并没有被多数人所接受。但是,在体育教学中,教师的主导性体现为对体育教学的主导性,学生的主体性体现为其在体育学习中的主体性。以此种方法产生的对称十分自然,教师和学生之间的互动关系也自然而然地体现出来。

另一方面,人们往往不能够正确地认识师生关系,主要是由于人们往往会对立性地看待教师与学生的地位,对一方的地位过于强调而忽视另一方的重要性。从根

本上来说，只要教师能够将其主导性发挥出来，学生就能够体现出自己学习的主体性。而如果学生没有充分地体现出自身的主体性，那就说明教师并没有很好地发挥自己的主导性。两种性质会多方面地影响学生：影响学生对课堂的整体兴趣，影响学生的全面发展，影响学生的学习效率、情绪和效果。因此，体育教师不仅仅要注重自身的工作作风和思想品德，还要提高自身业务能力，争取在课堂中塑造和谐的人际环境。

第二节 体育教学教材分析与内容选择

一、体育教材分析

体育教材主要按照《体育与健康课程标准（2011年版）》进行撰写，能够直接解决学生学、教师教的问题，是体育课程标准具体、直接的体现。体育教学内容的展开直接取决于体育教材，能够为教师、学生提供具体、明确的教学目标和教学任务，从而产生有效的教学效果。从具体角度来讲，体育教材主要为教师、学生提供各种体育信息材料、知识技能，并协助学生完成一定的教学目标。体育教材是体育教学内容中的基本组成要素，根据一定的教学规律、教学目标，能够为教学内容、方案提供指引。因此，体育教材是体育教学活动的重要组成部分之一，促进了体育教学系统的完整性。

（1）体育教材的功能。体育教材具有以下功能。

第一，目标功能。体育教材通过体育知识内容具体体现体育教学目标。

第二，教学功能。体育教材是体育教师进行教学活动的主要依据，是学生学习体育知识与技能的重要工具，它制约教学模式和策略的选择和运用。

第三，评价功能。体育教材是检查体育教学质量的重要标准。

（2）体育教材的特点。体育教材既是体育著作，又不是一般的体育著作，它具有以下特点。

第一，科学性。体育教材具有教学的特点，既有相对严密的逻辑体系和知识网络，也反映了体育科技发展的水平。

第二，教学性。体育教材不同于一般的体育著作，编写体育教材的目的是进行体育教学，它要符合学生的认知特性，符合学生的心理发展规律，深入浅出，循序渐进，有利于教师进行教学。

第三，教育性。由于体育教学的目的不仅要使学生掌握基础知识和基本技能，而且还要对学生进行思想品德教育。因此，体育教材不单是体育知识，它的编写更多反映体育知识的发生、发展过程和体育理论的思想脉络，使学生在探索知识的过程中，认识体育知识的内在规律，掌握体育运动的思想和体育运动的方法，培养良好的意志品质。

（一）体育教材的分析要求

体育教材在体育教学活动中发挥着极为重要的作用，可以提升体育教学质量。而在这个过程中，体育教师应该先对体育教材有一个全面、深入、准确的了解、分析和掌握，这也是体育教学设计过程中的一个重要前提。体育教师只有深刻掌握、理解体育教材，才能够正确规划体育教学内容，灵活处理教材、组织教材并运用教材，为学生提供良好的教学指导，进而获得有效的教学效果，提高教学质量。因此，体育教材分析是体育教学活动、教师教学活动的一个重要组成部分，是体育教学研究活动中重要的研究方式。

体育教材分析能够直接体现体育教师的创造性劳动、教学能力，并在一定基础上加强体育知识、技能的深入理解，从而促进体育教学活动的有效展开，提高体育教学质量、业务素质。因此，体育教材分析能够帮助体育教师深入了解体育知识技能，提高他们的业务能力、综合素养。然而，对于目前开展的体育教学活动来看，一些体育教师仍然没有认识到体育教材的重要性，对体育教材分析也并不关注，他们并不会全面、深入地进行体育教学内容规划，还未对体育教材产生全面、深刻的理解与掌握，也未能深刻准确把握地体育教材、体育教学活动的精神实质，这些极大地妨碍了体育教学活动的有效实施，影响了体育教学质量的提高。

因此，体育教师应该加强体育教材的深入理解，深入研究，从而推动体育教材分析有效展开，提高体育教学质量。

（1）深入钻研体育与健康课程标准，深刻领会体育教材的编写意图和目的要求，掌握体育教材的深度与广度。

（2）从整体和全局的高度把握体育教材，了解体育教材的结构、地位、作用和前后联系。

（3）从更深和更高的层次理解体育教材，了解有关体育知识的背景、发生和发展过程、与其他相关知识的联系，以及在生产和生活实际中的应用。

（4）分析体育教材的重点、难点和关键，了解学生容易混淆、产生错误的地方和应该注意的问题。

（5）了解体育教材中思考题的功能和难易程度。

（6）了解新知识和原有认知结构之间的关系、起点能力转化为终点能力所需要的先决技能和它们之间的关系。

(二) 体育教材的背景

体育教材的背景主要是指能够对一定事件、人物产生影响的现实环境、历史情境，并且体现在任何教师事件、学习活动中，是其中一项非常重要的潜在因素。体育教学活动的有效实施依赖于所处的背景条件，同样，体育教材也有自己的背景。在体育教学活动中，任何体育知识、技能、活动的产生、发展都依赖于深刻的社会背景和历史背景，如果体育教师对这些背景不是十分了解，就不能深入地理解体育知识和技能，无法对学生展开全面、深刻的教育。这样一来，既无法充分调动学生学习的主动性、积极性和学习热情，也不能实现体育教学效果的有效性。因此，体育教师应充分了解体育知识的相关背景，真正认识教材、理解教材、掌握教材，才有可能促进体育教学质量的真正提高，使体育教学活动变得融会贯通、生动活泼、丰富多彩。另外，体育教师也应该在课堂上加强对这些背景知识的传授，让学生得以真正体会体育精神。由此看来，体育教材的背景分析对达成有效教学效果至关重要。

体育教材背景分析追求体育知识的本源性，强调体育知识与技能的发生、发展等分析过程，还包括健身活动、日常生活方面的应用以及与其他知识之间的联系。体育教师可以通过背景分析系统全面地掌握体育知识和技能，从而了解它们在健康活动以及日常生活中的产生、发展过程，并且还可以明确与其他学科知识、其他体育知识之间的关系，并将它们充分应用到实际生活中。因此，通过体育教材的背景分析，体育教师可以扩充知识，增长见识，深入了解体育教材在体育教学中的地位和作用，使得教师能够大大提升自己分析问题和解决问题的能力，从而实现良好的教学效果。

(三) 体育教材的功能

功能是在外部环境、系统两者之间相互作用、相互联系中所表现出来的能力。体育教材的功能分析是体育教师对学生体育素养的培养和提升所进行的分析过程，在这个过程中，体育教师能够对体育教材有更加充分的了解，了解健身价值、思想教育价值及智力价值等学习价值。体育的健身价值强调体育技术、知识在体育健身活动、日常生活中的实际应用；体育的思想教育价值强调体育对学生人生观和价值观的形成、人格精神的塑造，以及个性品质的培养等的影响；体育的智力价值强调体育对人们在体育能力的提高、体育思维品质的培养等。这些价值隐藏在体育教材中，需要体育教师积极挖掘、深入钻研。

(四) 体育教材的结构

任何事物都具有一定的结构体系，并且由各种要素组成。结构是各种要素结合在一起的组合方式，它们通过一定方式的组合、排列，组成相应事物的结构体系。体育教材也具有自己的结构体系。体育课每课时、每单元的设计，以及整个体育教材都具有属于自己的结构体系。因此，体育教师在进行体育教材的分析活动时，首先应对其结构体系进行详细分析，对体育教材有整体和系统的认识。

体育教师对体育教材进行结构分析的主要目的是深入了解体育教材中的层次性、整体性特征，并且找出其内部组成要素之间的作用和联系。详细来讲，体育教师对体育教材的结构分析主要包括对体育教材中的组成要素、层次及内容之间的关系进行分析的过程。另外，体育教师还可以两种层次对教学内容进行分析，即单课结构分析和整体结构分析。单课结构分析主要是指某一课时体育教学内容的结构分析；整体结构分析主要是指对某一单元、某一分科或是整体体育学科进行的结构分析。

1. 整体结构

体育教材的结构是体育内容经过教学法加工，形成体育知识的序列及其相互联系的结构。它包含体育知识结构、体育思想与锻炼方法结构。

（1）体育知识结构分析，主要是对体育教材中的各知识点、动作之间的关系形成的结构进行分析。

（2）体育思想与锻炼方法结构分析，主要是对体育教材结构的深层次分析，在体育知识结构分析的基础上，对体育教材中所蕴含的体育思想与锻炼方法结构进行分析。

只有当体育教师对教材中蕴含的体育思想与锻炼方法进行透彻的分析以后，在体育课堂教学中才能自觉地渗透，积极地灌输，才能把体育教学提升到体育思想方法教学的高度，真正提高学生的体育素养。

2. 单课结构

一堂课的结构分析主要分析它有哪些知识要点，它们是如何安排的，前后次序如何，其中哪些是重点、难点和关键。

（1）体育知识结构。按照逻辑顺序编写的体育教材，一堂课的具体内容的结构为：感性材料引入→概念→运动规则→应用。

（2）体育教学结构。根据教学顺序撰写的体育教材，不仅体现一定的教法，帮助学生探索、分析体育的知识和技术，还能为教师和学生提供体育事件与结论。单课结构不仅便于学生理解，还是编者对教学方法、教学顺序安排意图的体现，为体育教学设计打好基础。

(3) 重点、难点和关键。一堂课的结构除了分析体育知识、动作技术之间的关系以外，还必须分析其中的重点、难点和关键。

第一，重点是进一步学习的基础，在教材中起核心作用，有广泛应用的内容。

第二，难点是学生理解、掌握或运用比较困难，容易产生混淆或错误的知识点。

第三，关键是教材中对掌握某一部分知识起决定性作用的内容，是教学的突破口。

在明确了教材的重点、难点和关键以后，才能分清教材内容的主次，把力量用在刀刃上，抓住主要矛盾，突出重点、克服难点、抓住关键，取得事半功倍的效果。

(五) 体育教材的要素

系统整体功能的实现首先要以其中各部分组成要素的实现为前提，体育教材中各项目的教学活动也需要明确其中的组成要素，这样这些功能的实现才能够实现系统整体功能。通常来说，教学内容主要包括以下几个方面。

(1) 感性材料。这一部分主要是指教学内容中的运动图片、著名运动员以及发展历史等具体资料，能为学生、教师提供一定的体育基本技能、基础知识，促进体育教学活动开展。

(2) 动作规则、技术。这一部分是体育知识结构的核心，具体包含技术判罚手势、运动场地、竞赛规则以及动作形式等。运动技术是人体肢体空间运动形式在人们头脑中的反应，是能充分激发人们身体潜能、掌握肢体动作、符合人体运动规律、科学原理的方法。运动技术学习是促进身体各部分相互协调、相互配合的过程，并且是从动作纠错、动作模仿、动作原理以及动作名称四个方面进行分析的过程。

(3) 练习方法是指帮助学生了解、掌握和运用动作原理完成运动项目的方法，是教师用作帮助提高运动能力的具有一定代表性的运动形式。在进行教学设计时，教师必须认真分析和研究教材，深刻理解和掌握教材的内容和项目中的要素，做到懂、透、化。

第一，懂——分析教材内容的重点、难点、疑点。作为教师，必须高屋建瓴地把握学生将要学习的教材内容，如教材内容的地位和作用、知识类型、编排特点、呈现方式、重点、难点、疑点、教材内容的深度和广度等。

第二，透——分析教材内容间的联系。

研究、分析教材内容间的联系。学生进行学习活动进而收到学习效果这一过程离不开学生此前所掌握的知识基础。因此，体育教师在进行教材分析时，应该重点关注新学习的知识技术与学生已掌握的知识内容之间的联系，并重视它们在实际生活中的运用和发展。这样的教学方式能让学生形成一定的知识架构以及层次分明的知识体系，能循序渐进地建立比较系统、完整的知识结构，达到良好的教学效果。

另外，体育教师也应该对教材内容与其他学科之间的联系进行研究、分析，加强人文社会科学、生物、物理与体育之间的联系。同时，体育教师也应该重点关注工农业生产、社会生活实际等方面与体育学科知识之间的联系，使得学生能够掌握系统、全面的知识，并提高分析、解决问题的能力。

第三，化——研究、开发教材知识的价值。知识的价值主要是指知识对个体成长、发展的有用性。体育知识不仅具有帮助学生获得解决运动健身问题的应用价值，而且还能帮助学生掌握体育技术和方法，进而帮助学生形成一定的价值观念、情感态度。体育教材不仅具有体育知识这种目的价值，更具有一定的情意价值、方法价值，体育教师应该重视传授这方面价值，并不断挖掘、分析体育教材知识价值，进而展现出现代体育教学设计理念，使得学生可以形成正确的科学价值观，掌握科学合理的方法，并且不断地深入到科学研究中，全面提高学生的身体素质。

二、体育教学内容的选择

（一）体育教学内容的选择依据

（1）体育教学目标。在体育教学活动中，体育教师应该明确教学内容、教学方式，进而达成体育教学目标。例如，体育教师应该寻找合适的教学内容来提高学生的有氧耐力水平，如球类运动、跳绳、长跑等，让学生高效完成教学目标。

（2）学生身心发展特点。体育教学内容应该根据学生的兴趣爱好、身心发展特点进行设计。体育教师依照传统的竞技运动角度对体育教材内容进行设计时，容易出现与学生身心发展特征、实际情况不相符合的情况，使学生脱离了生活实际和现实经验，妨碍了体育教学活动的有效展开。国外设计的体育教学内容，主要包括飞盘、棒球、垒球等运动，不仅符合学生的身心发展特征，还具有一定趣味性，为体育活动带来乐趣，使学生能够积极参与到体育学习活动中。

（3）学校实际条件。主要包括学校的办学规模、器材设备、师资力量及场地条件等，学校应该根据实际情况因地制宜地开展。

（二）体育教学内容的选择原则

（1）科学性。体育教师应该根据学生的身心特征设计相应的教学内容，促进学生健康成长。

（2）健身性。在学生身体的各个系统中，发育最为迟缓的是心血管系统，体育教师应顺应学生身体发展规律，实现心脏有益发育。

（3）实效性。体育教学内容的设计应促进学生健康发展。

（4）教育性。体育教学内容应该体现出教书育人的价值，促进学生不断自我提升。

（5）趣味性。这一原则主要强调体育教学内容的趣味性，从而激发学生的学习兴趣，使他们全身心地投入到体育活动中。

（6）安全性。在展开体育教学活动时，学校应充分考虑教师的教学能力、运动设备的条件以及学生的生理条件，确保运动健身的安全性。

第三节 体育教学目标分析及其设计

一、体育教学目标概述

(一) 体育教学目标的功能

在体育教学过程中，要达到三点教学目标：导学、导教、导评价。在体育教学的活动过程中，教学目标渗透到方方面面。首先，教学目标对于课堂教学活动的实施有非常重要的指导作用。其次，教学目标是教师教学的标准，是学生学习的目的以及教学活动开展的宗旨，因此，在体育教学过程中，教学目标具有非常重要的意义。[1]

1. 指导教师设计教学过程

教学目标可以有效地帮助教师设计教学过程。之所以这样说，是因为一旦教学目标确立，教师可以根据教学目标，选择适合的教学材料，运用适当的教学方法，如采用媒体教学等。除此之外，教学目标还可以指导教师明确教学思路，确定教学任务的实施途径，并明确教学内容的合理性。因此，教学目标在体育教师的教学过程中具有重要作用。

针对不同的教学目标确立不同的教学方法，这点在体育教学过程中具有重要

---

[1] 刘宏亮，牛建军，刘永. 基于自组织理论的体育教学系统发展研究[J]. 山东体育学院学报，2019，35(5)：84-89.

的指导意义。例如，当学生以学习常识性体育知识为学习目标时，教师可以选择易于学生接受的"接受性学习"教学方法；但是当学生以学习运动知识为学习目标时，则应侧重以宏观指导为主的"发现性学习"方法教学，这种学习方法能够通过探究，让学生更容易掌握运动知识。又比如，当学生以学习对具体事物分类区别为学习目标时，体育教师应该选择直接易于观察的教学媒体方法，具体举例来说，当学习目标是区分跑步的种类和特点时，教师可以通过教学媒体直观地将各种跑步的种类以易于学生接受和区分理解的方式呈现出来。

2. 引导学生学习进程

教学目标不仅能指导教师的教学过程，还能够提高学生的学习效果。在教学中设立教学目标，通常是为了明确学生的学习结果。在体育教学过程中教学目标的确立对学生有以下三点益处：第一，教学目标可以明确学生的学习方向性，教学目标基本上确定了学生的学习目标，学生学习目标清晰，学习效果才会好。第二，教学目标能够帮助学生明确学习内容，根据清晰的学习内容学生可以制订相应的学习计划，努力学习，攻克教学目标内的学习内容。第三，教学目标能够提高学生的学习热情，确立目标有助于帮助学生增强学习的责任感、参与感，在积极的学习参与中，提高学习效率。综上所述，教学目标对学生的学习具有明确方向、明确内容、提高效率的作用。

3. 提供教学评价依据

教学评价是指学生对教学目标的完成程度，是体育教学过程中一个重要环节。评价学生的学习情况应有一个相应的评价标准，在体育教学过程中，该评价标准就是为体育教学设定的教学目标。在教学评价过程中，以教学目标为基础和依据进行科学测试，对学生进行客观评价。在教学评价过程中，诊断性评价与形成性评价都要以教学目标为基础和依据。不仅如此，教学目标除了帮助教师评价学生外，还可以帮助学生进行自我评价。根据教学目标与自己学习的现状，有策略、有方向地改变自己的学习方法。综上所述，以教学目标为基础和依据进行的教学评价，不仅帮助教师了解学生的目标完成程度，还帮助学生进行自我评价。

除了上述三点，教学目标还有其他的教学作用。例如，有利于增进学生与家长之间的交流沟通。明确的教学目标可以使家长清楚客观地了解孩子在学校中的学习内容与方法，有助于增进学校与家长间的有效交流与沟通。因此，体育教学过程中要更加注重教学目标，教师也应该深入了解教学目标的理论知识，学习、掌握编写教学目标，还应该掌握不同教学内容的教学目标。

(二) 体育教学目标的分类

1. 体育教学的认知领域

认知领域的目标可分为以下六级。

(1) 知道。"知道"是认知领域中最低水平的目标，主要是对已学过的知识的回忆，包括具体事实、方法、过程、理论、类型、结构和背景等的回忆。"知道"是这个领域中最低水平的认知学习结果，它所要求的心理过程主要是记忆。

(2) 领会。"领会"是最简单的理解，是指把握知识意义的能力，可借助解释、转换、推断三种方式来表明对知识的理解。解释是指能用自己的话，对某一信息（如插图、数据等）加以说明或概述；转换是指能用自己的话或用与原先的表述不同的方式来表达所学内容，包括文字叙述、表述式、图式、操作之间的翻译或互换；推断是预测发展的趋势，例如，能根据动作的形式对动作进行分类。

(3) 应用。"应用"是指把所学知识应用于新情境的能力，包括概念、原理、规律、方法、理论的应用。它与"领会"的区别在于是否涉及这一项知识以外的事物，例如，能应用"鞭打动作"进行投掷练习。

(4) 分析。"分析"是指把复杂的知识整体材料分解成部分，并理解各部分之间联系的能力，例如，对一个完整的动作进行分解。

(5) 综合。"综合"与"分析"相反，是指将所学知识的各部分重新组合，形成一个知识整体的能力。"综合"强调创造能力和形成新的知识结构的能力，它包括能突破常规思维模式，提出一种新的想法或解决问题的方法；能按自己的想法整理学过的知识，对条件不完整的问题，能创设条件，构成完整的问题，设计一个解决问题的方案等，例如，对学过的技术动作进行组合编排。

(6) 评价。"评价"指对用来达到特定目标和学习内容、材料和方法给予价值判断的能力，例如，能对同一种项目不同练习方法进行比较、分析和评价等。目标设计的层次分得越细越科学，越不利于操作。反之，层次分得较粗，虽然可操作性强，但科学性不够。所以从科学性和可操作性两个层面去考虑，一般将教学目标分为三个或四个层级。例如，体育与健康课教学在认知领域的要求由低到高可分为以下三个层次：了解、理解和综合应用。

第一，了解：对所学体育动作知识有初步认识，能够正确复述、再现、辨认或直接使用。

第二，理解（掌握）：领会所学体育知识的含义及其适用条件，能够正确判断、解释和说明有关体育的动作和问题，即不仅"知其然"，还能"知其所以然"。

第三，综合应用：在理解所学各部分体育动作的本质区别与内在联系的基础上，运用所掌握的知识进行必要的分析、类推或解释、论证一些具体的体育问题。

2. 体育教学的动作技能领域

（1）知觉。"知觉"是指运用感官获得信息以指导动作，主要了解与某种动作技能有关的知识、性质、功能等，例如，能背出动作要领等。

（2）准备。"准备"是指为适应某动作技能的学习做好心理上、身体上、情绪上的准备。

（3）反应。"反应"是指能在教师的指导下表现有关动作行为，例如，在体育教师的帮助下完成动作。

（4）自动化。"自动化"是指经过一定程度的练习，要掌握的动作已形成熟练的技能，例如，能正确、迅速地完成体操侧手翻动作等。

（5）复杂的外显反应。"复杂的外显反应"是指能用最少的时间和精力表现全套动作技能，一气呵成，连贯娴熟，得心应手，例如，能熟练完成篮球运动中从运球到投篮的动作。

（6）适应。"适应"是指已练就的动作技能具有应变能力，能适应环境条件及要求的变化，例如，能根据体操摆腿原理完成单杠身上动作等。

（7）创新。"创新"是指在学习某种技能的过程中，形成了一种创造新的动作技能的能力，例如，能改进技术动作完成的方法。体育与健康课教学在动作技能领域的要求由低到高就分为以下三个层次。

第一，模仿水平：包括在原型示范和具体指导下完成操作，对所提供的对象进行模拟、修改等。

第二，独立操作：包括独立完成操作，进行调整与改进，尝试与已有技能建立联系等。

第三，迁移水平：包括在新的情境下运用已有技能，理解同一技能在不同情境中的适用性等。

3. 体育教学的情感领域

（1）接受。"接受"是情感的起点，指愿意注意某一特定事件或活动，例如，认真听课、参加班级活动、意识到某事的重要性等。

（2）反应。"反应"比"接受"更进一层，指愿意以某种方式加入某事，以示做出反应，例如，完成教师布置的练习、参加分组练习、遵守校纪校规、同意某事、热心参加体育课余活动等。

(3) 价值化（评价）。"价值化"是指学生将特殊的对象、现象或行为与一定的价值标准相联系，包括接受某种价值标准（如愿意改进与团体交往的技能），偏爱某种价值标准和为某种价值标准做贡献（如为发挥集体的有效作用而承担义务）。这一阶段的学习结果所涉及的行为一致性和稳定性使得这种价值标准清晰可辨。价值化与教师通常所说的"态度"类似。

(4) 组织。这一水平涉及价值的概念化和价值系统的组织化。通过将许多不同的价值标准组合在一起，克服它们之间的矛盾、冲突，开始建立内在一致的价值体系，这一水平的重点是将许多价值标准进行比较、关联和系统化。学习的结果可能涉及某一价值系统的组织，例如，与人生哲学有关的教学目标就属于这一级水平。

(5) 个性化。"个性化"是情感教育的最高境界，是指内化了的价值体系变成了学习者的性格特征，即形成了自己的人生观、世界观，例如，保持良好的健康习惯、在团体中表现出合作精神等。体育与健康课教学在情感与价值观方面的要求由低到高可分为以下三个层次。

第一，经历（感受）水平：包括独立从事或合作参与相关活动，建立感性认识等。

第二，反应（认同）水平：包括在经验的基础上表达感受、态度和价值判断，做出相应的反应等。

第三，领悟（内化）水平：包括具有相对稳定的态度、表现出持续的行为、具有个性化的价值观念等。

在现实的教学中，三种类型的学习有时会同时发生。例如，学习某一教学内容时，同时会渗透情感、态度、意向、技能等。所以，人们通常把三类目标称为"三位一体"教学目标。因此，在确定具体的教学目标时，要综合考虑某一学习内容的不同类型的学习目标，使学习者在认知、技能、情感等方面得到协调发展。

(三) 体育教学目标陈述

1. 体育教学目标陈述存在的问题

第一，教学目标模糊、过于概括性。在教学目标的设立过程中，目标不具体、含糊不清，并经常使用非行为动词。例如，使用掌握、了解、理解这些动词设立教学目标，在完成教学后，无法明确学生是否完成了教学目标，应该使用具体的行为动词使目标具体化、清晰化。

第二，教学过程与教学目标远离甚至相脱离。部分教师在设计教学目标时，将教学目标涉及的范围过大，导致在教学过程中教学目标被置诸高阁，最后无法完成，或者只是完成一小部分。

第三，教学目标的陈述主体发生错误。在体育教学过程中，教学目标的陈述主体应该是学生或者是学习结果，但是在实际过程中，有些教学目标的陈述主体变成了教师。比如："通过篮球传球，帮助学生增强团队意识"出现了陈述主体错误，这一个教学目标的实施主体是教师而非学生。

第四，教学目标的设计过于普通、平常、缺乏针对性、个性化。有些教师在设计教学目标时，经常使用程序化语句，导致教学目标没有具体的指导性和活力，例如"增加学生的学习时间和精力投入"等。

2.教学目标陈述的四要素

教学目标的设立应该包含行为、标准和条件三要素。随着教学的发展，有体育专家提出，对教学对象的描述也应该是教学目标的要素。因此，体育教学目标有四要素：第一要素是教学对象，也就是明确学习者是谁；第二要素是行为，也就是学生在学习后的具体表现行为；第三要素是条件，具体解释为学生在达到教学目标时所允许的条件；第四要素是标准，是教学评价中学生对教学目标的完成度。

3.结果性目标与体验性目标陈述

(1)结果性目标的学习水平与行为动词。
①技能。
第一，模仿水平，包括在原型示范和具体指导下完成操作，对所提供的对象进行模拟、修改等。行为动词如模拟、重复、再现、模仿、例证、临摹、扩展、缩写等。

第二，独立操作水平，包括独立完成操作，进行调整与改进，尝试与已有技能建立联系等。行为动词如完成、表现、制定、解决、拟定、安装、绘制、测量、尝试、实验等。

第三，迁移水平，包括在新的情境下运用已有技能，理解同一技能在不同情境中的适用性等行为动词如联系、转换、灵活运用、举一反三、触类旁通等。
②知识。
第一，理解水平，包括把握内在的逻辑联系，与已有知识建立联系，进行解释、推断、区分、扩展，提供证据，收集、整理信息等。行为动词如解释、说明、阐明、比较、分类、归纳、概述、概括、判断、区别、提供、转换、猜测、预测、估计、推断、检索、收集、整理等。

第二，了解水平，包括再认或回忆知识，识别、辨认事实或证据，举出例子，描述对象的基本特征等。行为动词如说出、背诵、辨认、回忆、选出、列举、复述、描述、识别、再认等。

第三，应用水平，包括在新的情境中使用抽象的概念、原则，进行总结、推广，建立不同情境下的合理联系等。行为动词如应用、使用、质疑、辩护、设计、解决、撰写、拟定、检验、计划、总结、推广、证明、评价等。

(2) 体验性目标的学习水平与行为动词。

①经历(感受)水平，包括独立从事或合作参与相关活动，建立感性认识等。行为动词如经历、感受、参加、参与、尝试、寻找、讨论、交流、合作、分享、参观、访问、考察、接触、体验等。

②反应(认同)水平，包括在经历基础上表达感受、态度和价值判断，做出相应的反应等。行为动词如遵守、拒绝、认可、认同、承认、接受、同意、反对、意愿、欣赏、称赞、喜欢、讨厌、感兴趣、关心、关注、重视、采用、采纳、支持、尊重、爱护、珍惜、蔑视、怀疑、摒弃、抵制、克服、拥护、帮助等。

③领悟(内化)水平，包括具有相对稳定的态度，表现出持续的行为，具有个性化的价值观念等。行为动词如形成、养成、具有、热爱、树立、建立、坚持、保持、确立、追求等。

二、体育与健康课程目标体系构成

(一) 体育与健康课的总目标

通过课程学习，学生将掌握体育与健康的基础知识、基本技能和方法，增强体能；学会学习和锻炼，发展体育与健康的实践和创新能力；体验运动的乐趣和成功，养成体育锻炼的习惯；发展良好的心理品质、合作和交往能力；提高自觉维护健康的意识，基本形成健康的生活方式和积极进取、乐观开朗的人生态度。

1. 掌握体育与健康的基础知识、技能与方法

(1) 体育与健康的基础知识、技能和方法也可称为新"三基"，超越了课改前体育课程所强调的"三基"，即基本知识、基本技术和基本技能。

(2) 新"三基"中基本技能包含基本技术，用基本技能这一概念并不是要忽视或淡化运动技术的学习，而是强调要提高学生运用技术的能力。

(3) 在体育与健康教学中应重视学生体能的练习，每节体育课都应该留出一定的时间，并尽量结合运动技术的教学让学生进行相关的体能练习。

(4) 体能是掌握运动技能的基础，也与学生的健康紧密相连。

2. 发展体育与健康的实践和创新能力

（1）"体育与健康"课程的教学不但要使学生掌握运动知识和技能，而且要提高学生的学习和锻炼能力，即引导学生学会体育与健康的知识和体育锻炼，为学生的终身体育奠定良好的基础。

（2）在"体育与健康"教学中，要高度重视学生的自主学习、合作学习和探究学习，提高学生在体育与健康方面的学习能力。

3. 体验运动的乐趣和成功，养成锻炼习惯

（1）运动只有给学生带来快乐，才会促进学生主动参与运动，并有助于终身体育意识的形成。

（2）一定要转变这样的现象，即一提到让学生在体育学习中获得快乐，就批评"快乐"，就大讲特讲要培养学生的意志品质和刻苦学习的精神，将学生"获得快乐"与"意志品质和刻苦学习精神培养"人为地对立起来。

（3）这个目标所讲的体验成功主要不是强调学生之间的相互比较所获得的成功感，而是主要强调自我的比较，看自己是否通过努力在原有的基础上获得进步和发展。

4. 提高自觉维护健康的意识

（1）这一目标既是"健康第一"的指导思想的重要体现，也是"体育与健康"课程追求的崇高目标。

（2）在"体育与健康"教学中，无论是学习目标的设置，还是教学内容和方法的选择，都要有助于学生健康意识和生活方式的形成，并使学生形成积极进取、奋发向上、顽强拼搏、勇攀高峰的精神。

（3）学生健康意识和生活方式的形成仅仅靠体育教学是不够的，要辅助于健康教育的教学，体育教学与健康教育相辅相成，共同促进学生健康发展。

（二）体育与健康课的一般目标

（1）运动参与。

第一，参与体育学习和锻炼。

第二，体验运动乐趣和成功。

强调体育教学过程中要通过丰富多彩的内容、形式多样的方法，促进学生达成运动参与的目标，变被动参与为主动参与。

(2) 运动技能。

第一，学习体育运动知识。

第二，掌握运动技能和方法。

第三，增强安全意识和防范能力。

(3) 身体健康。

第一，掌握基本保健知识和方法。

第二，塑造良好体形和身体姿态。

第三，全面发展体能和健身能力。

第四，提高适应自然环境的能力。

(4) 心理健康和社会适应。

第一，培养坚强的意志品质。

第二，学会调控情绪的方法。

第三，形成合作意识与能力。

第四，具有良好的体育道德。

运动参与、运动技能、身体健康、心理健康和社会适应四个方面是一个有机联系的整体，各个学习方面的目标主要通过身体练习实现，不能割裂开来进行教学。

三、体育教学目标的设计

(一) 体育教学目标的设计原则

体育教学目标既具有指导性，也是对体育活动完成结果的表达。体育教学目标对体育教学和体育学习具有制约性，所以在体育教学目标设计上应该遵守以下四点。

第一，遵循一致性原则。体育教学目标和体育课程目标之间具有关联性，具体化、行为化的体育课程目标就是体育教学目标，所以在体育教学过程中，体育教学和体育课程的目标必须遵循一致性原则，帮助达成教学目的。体育课程目标包括知识与技能、情感态度和价值观、过程和方法三个领域，所以在进行教学目标设计时，也要注意体育课程目标的完整性。

第二，遵循层次性原则。由于体育教学存在教学过程，在学习的过程中学习水平会随着学习时间的增加逐步提高，所以体育教师应该遵循多层次原则来设计体育教学目标。例如，在篮球急停跳投动作的教学中就包括运球、中轴脚、传球等低层次的目标。不同学习者能够完成目标的程度也不同，所以体育教师应遵循层次性原则，根据不同目标的要求，设计多层次要求。

第三，遵循操作性原则。体育教学目标是体育教学过程中对教导和学习活动的测量标准，尤其是对学习结果的评价标准，应该设计得具体、清晰、可测量、便于操作。

第四，遵循难度适中性原则。作为教学指导目标和学生的学习目标，体育教学目标必须从学生的实际学习水平出发，设计难度也应该符合学生的"最近发展区"。也就是说，体育教学目标既不低于学生的实际水平，也不能太高于学生的实际水平；低于学生的实际水平，会对学生能力的培养造成阻碍和拖延；超出学生的实际水平太多，会导致学生学习兴趣缺失。体育教学目标难度应该稍高于学生实际水平，是学生通过努力就可以达到的目标，这样既有利于学生能力的提高，也能激起学生的学习兴趣。综上所述，教学目标的设计要以学生的实际水平为基础，遵循难度适中原则，并对学生能力做出整体宏观分析，为分解目标层次奠定基础。

(二) 体育教学目标的设计过程与要求

1. 体育教学目标的设计过程

一般体育教学目标的设计过程可归纳为六个步骤：确定目的、建立目标、提炼目标、排列目标、再次提炼目标、做最后的排列。

(1) 确定目的：目的是抽象的，可能包含多方面的内容，它为教学目标指明方向。

(2) 建立目标：针对目的中一个具体方面建立一系列的教学目标。

(3) 提炼目标：将教学目标进行分类，把重复的目标去掉，整合相似的目标，使模糊的学习目标具体化。

(4) 排列目标：按照一定的标准（重要程度或先后顺序等）将目标进行排序。

(5) 再次提炼目标：根据实际情况，再次确定目标存在的价值并进行取舍。

(6) 做最后的排列：从整体上做实施前最后周密的安排，然后用于实践。

2. 体育教学目标叙写的要求

(1) 目标必须是分层次陈述的。

(2) 行为目标陈述的两类基本方式。

(3) 行为目标陈述的基本要素。

(4) 行为主体应是学生，而不是教师。

(5) 行为动词应尽可能是可理解的、评估的。

(6) 必要时，附上产生目标指向的结果行为的条件。

(7) 要有具体的表现程度。

第四节　体育课结构设计

一、体育课准备部分设计

(一) 体育课准备部分的目的

体育实践课一般都按一定的教学程序进行，即准备部分(热身练习)、基本部分(学习主教材或锻炼)、结束部分(放松与小结)。其中准备部分是教学的开始部分，通过各种教学练习进行热身，达到最佳学习状态，为主教材做好准备。准备部分时间的长短、运动负荷的大小、练习的内容、组织的形式等，与一堂体育课质量的好坏有着密切的联系。[1]

(二) 体育课准备部分的形式

(1) 慢跑加徒手操。慢跑加各种徒手操是最常见的一种热身练习形式。这种方式由教师或学生带领进行慢跑，再做各种徒手操，该形式操作简便易行，容易控制。对学生的组织性、纪律性有积极的促进作用。但是由于教师统得过死，学生的个性发展受到制约。

(2) 游戏加徒手操。指在教师的指导下，通过各种游戏练习，集中学生的注意力，提高兴奋度，再做徒手操的导入方式。这种形式学生参与活动积极，课堂气氛活跃，有较强的竞争性和集体荣誉感，在较短的时间里，学生由安静状态达到兴奋状态，为学习主教材做好准备。

(3) 分组练习(自锻)。教师提出活动要求；学生分成若干小组或者自由结伴，自己选择活动内容进行热身练习。它体现了三个特点：①锻炼学生干部和培养学生自锻能力。因为分组练习一般都经过小组讨论，在小干部的带领下进行热身活动。②发挥学生的自主学习能力。因为分组练习由学生自己选择内容，活动更适合学生，练习积极性也高。③它是一种开放的学习形式，自主性高，学生学习轻松。但是，由于学生对学习主教材目标不理解，很可能对活动内容选择不够全面，身体关节得不到充分活动。

(4) 器材(械)练习。在一般情况下，运用本课使用的器材做热身活动。譬如，主教材跳绳，教师就以绳为主进行各种绳操或绳的游戏等；如球类课就以球为主做球操或用球做游戏等。这种组织形式体现了器材的使用价值，学生的直观意识也得

---

[1] 张茂聪，刘含宇，侯洁. 落实立德树人任务　优化德育理论实践——兼论具身德育的内涵及其发展逻辑 [J]. 中国特殊教育，2019, (12): 12-18, 96.

到了提高，器械一物多用的原则得到了贯彻。

（5）健美操（韵律操）。这种形式，在音乐伴奏下进行活动，对陶冶学生的情操、活跃课堂气氛有积极的作用。动作整齐、美观，给人一种艺术的享受。但有的教师只考虑形式，追求美感，而忽视准备部分与主教材应有的联系。

（三）体育课准备部分形式选择

（1）慢跑加徒手操。从操作形式看比较简单，它与各种教材内容的学习都有一定的联系，这种形式做准备活动，适合运动水平基础较低的学生，也适合于各类教材内容的学习，如跑、跳、投球类等。这种形式都是在教师的统一指挥下进行练习，也容易控班。不过如果处理不当，它对学生的自主学习和自锻能力的培养可能会产生消极作用，在选择练习时要尽量克服消极因素。

（2）游戏加徒手操。通过游戏练习，集中注意力，提高兴奋度。它对发展灵敏素质的教材内容有积极的作用。在选择时教师要考虑到学生的年龄及性别、练习的安全问题、游戏的方法和规则。

（3）分组练习（自锻）。这是培养学生锻炼能力的良好方法，是学生个性发展的有力保证。它对巩固已学动作技术有一定的帮助。在分组时必须考虑到学生的体育基础水平、学生的组织和自锻能力，否则将会适得其反，达不到预期的效果。

（4）运用器材做准备活动。一般都是本课教学用什么器材（除固定的器材外）就拿这些器材做准备活动，所以它体现了器材的使用价值。正因为准备部分与主教材内容使用的是相同器械，所以容易将准备部分与主教材部分相融合。但要注意器械使用中的安全性问题。

（5）健美操练习。从生理角度看，女生的协调性、柔韧性比男生要好。所以，它更适合女生，特别是高中女生。但是，在选择时应考虑到学生的年龄特点、动作的难度以及与主教材的联系。

（四）体育课形式选择的若干相关因素

准备部分的组织形式如何合理选择，是值得探讨的新课题，大致应思考以下因素。

（1）气候情况。体育课在室外上课，一年四季的气候变化较大，气温也相差较大。冬季气温低，身体机能状态低下，准备活动时间可以长一些，以防伤害事故的发生。夏季气温较高，活动量可以小一些。总之，应根据气温及教学的实际情况恰如其分地考虑活动负荷。

（2）教材。不同的教材对身体各关节、肌肉等要求不同，应根据不同的教材内容，有针对性地选择热身方式。譬如，技术性强的教材，针对那些较易受伤的关节和肌肉，准备活动做得充分一点；对提高身体素质的内容应考虑准备活动的强度与全面性。

(3) 学生的年龄和实际水平。由于年龄和性别的差异，学生对于准备部分练习的内容有不同的感受，有的喜欢、有的不喜欢。在选择准备部分练习内容方面，一定要考虑学生的生理、心理情况以及他们的体育基础水平，尽可能做到因人而异，区别对待。

(4) 学生的个性和能力。准备部分一方面是通过热身练习，为学习主教材做好准备；另一方面，准备部分是培养学生个性和能力的重要途径。准备部分的目的是起到导入的作用，在体育课导入中应以学生为主，培养学生的学习方式，让学生自己选择内容进行活动，从体育课教学情况看，学生体育课上发挥出来的聪明才智是无限的。应该相信学生的能力，体现个性化，让学生在教师的指导下，进行自主学习，为学生的自我发展创造有利条件。

(5) 采用形式多样的练习手段与方法。准备部分的形式与学生的学习兴趣有着密切的关系。在准备部分的内容选择上应采用多样化、趣味性、生动性的练习内容，在练习方法上运用游戏法、竞赛法、自锻法等，培养学生对体育运动的兴趣，为提高学生的学习方法和终身体育打好扎实的基础。例如，课程的教学内容为篮球行进间投篮，准备部分的设计有两种方式：第一种为热身形式。在天气较冷的情况下，首先进行慢跑或各种方式的跑步(侧身跑、向后转跑、滑步跑等)，然后做关节操，把身体各关节活动开。第二种是做篮球游戏，如"抛球叫号触电"等，然后做关节操等。

二、体育课基本部分设计

(一) 体育课基本部分设计策略

1. 体育课基本部分设计策略的意义

体育课的基本部分是体育课教学的中心环节。体育课基本部分的设计策略，直接影响着主教材内容的学习效果。新课程的实施十分重视知识与技能、过程与方法、情感态度与价值观的三维教学目标，且强调教学过程，因此，重视基本部分的设计策略，对提高体育课的教学效果有着极其深刻的意义。

(1) 保证体育新课程、新教材的落实的需要。新课程的课程结构分为基础型、拓展型、研究型三类课程，而基础型课程的基本内容是学生必须掌握的学习内容，也就是学生要掌握的教材内容。体育课基本部分的设计是落实课程新教材的关键，它直接影响着新教材内容的学习与落实。因此，提高体育课基本部分的设计策略，对新课程新教材落实起着极为重要的推动作用，它保证了新课程、新教材的贯彻与落实。

（2）提升教师专业化水平，促进学生掌握动作技能。因为要提高基本部分设计策略，教师需研究教材、教学规律、教法、运动负荷的安排等。如果一个教师长期努力，一定会在自己的专业上有所提高。同时，在教学过程中，教师如果能够积极思考，寻找合理有效的教学方法和手段，能帮助学生理解知识、掌握技能。

2. 体育课基本部分设计策略的内容

体育课基本部分的设计策略是对主教材内容实施所采取的一系列手段和方法等。有效的设计策略，能够激励学生主动学习，掌握知识与技能，促进课堂教学效果。

（1）分析教材，区别对待的策略。在设计基本部分时，首先要研究教材、分析教材，因为体育教材内容相当丰富，各种教材的性质和特点也不同。有的教材技术性较强，有的教材对学生的身体素质有相当的促进作用。同样教材内容的教学目标也有不同，在设计时要有所区别。而且每一节课提出的要求也不同，有的教学内容是新授的，有的是复习的，有的是巩固提高身体素质为主的课。在同一教材内容的教学中，教材的主次、新旧、难易度也有所不同。因此，在设计时要把教材作为教学设计的依据，并与教学目标相结合，提出合理的教学要求，避免教材安排的重复性和盲目性。

（2）选择有效的辅助练习与诱导性练习的策略。辅助练习与诱导性练习为学习主教材所选择的手段，它为主教材学习起到了积极的促进作用。在设计主教材学习时，许多教师经常采用辅助性及诱导性练习，目的是帮助学生更好地掌握主教材的学习内容。在选择辅助性和诱导性练习时，第一，要有利于促进主教材内容的学习。例如：快速跑，一般采用小步跑、后蹬跑和臂摆动作等作为辅助练习，为快速跑增加步频与步幅创造条件；第二，要合理选择辅助练习与诱导性练习，要与主教材相结合。例如，学习支撑跳跃，可以选择支撑和发展肩带力量的各种练习，如兔跳、推小车、俯卧支撑等练习。总之，辅助练习与诱导性练习是为提高主教材动作学习奠定基础的。

（3）运用合理的教学手段策略。体育教学手段是指体育教学传递信息和情感的媒介物以及发展体能和运动技能的操作物。体育教学手段的作用：①有助于学生建立完整、正确的动作概念。通过现代化的教学手段，具有再现、重复的功能。②有利于突出动作技术的重点和关键，向学生介绍体育知识，对动作技术的重点，可以多次强化并进行演示，使学生便于把握动作技术的重点和关键，帮助学生更好地掌握知识与技能。

（4）合理选择教学方法的策略。体育教学方法是师生在为完成一定教学任务时所进行的共同活动中采用的教学形式、途径和手段的总称。换句话说，教师和学生在教学过程中，为实现一定的教学任务或目标而采用的方式、途径和手段等都包括在教学方法这一概念中。基本部分的教学方法策略的选择，目的是为主教材学习内容服务。依据体育教学方法的分类，有语言法、直观法、完整法和分解法、练习法、游戏法、比赛法、预防和纠正错误法等。一般在主教材学习过程中，如果是教授新课，运用教学方法的程序由直观演示（演示）—语言法（讲解）—练习法—完整法和分解法—预防和纠正错误法等。如果是复习动作，一般运用教学程序是练习法—纠正错误法—练习法—对比法—游戏法和比赛法等。如果是新授动作和复习动作，可根据教学实际，灵活选择练习方法。当然，上述主教材内容的方法选择，不是唯一的，特别在课程改革发展过程中，广大体育教师要有开拓创新、锐意进取的精神，并有机渗透新课程理念与新的学习方式。

（5）建立新型的教学观与学习方式。要使新课程、新教材得到很好的贯彻与落实，关键在于体育教师要尽快转变教育教学观，构建新的体育教学观，明确新课程的要求。

第一，新型的体育课堂应该是能动的课堂，突出以学生发展为本，强调健身育人。从学校层面看，强调教师为本，突出以教师为主体，充分调动学生的参与热情，形成能动、互动的课堂。

第二，新型的体育课堂应该是情感的课堂，强调课堂教学必须营造愉悦的氛围。建立师生间、生生间平等、融洽友好、互相尊重、互相信任、互相帮助的良好关系。在学习过程中，让学生享受成功的乐趣，确立自尊自信。

第三，新型的体育课堂应该是开放的课堂，不仅意味着学习内容、实施要求、教法与学法、组织形式、思维方式上的开放，更重要的是学生自主发展上的开放。因此，在课堂教学实施上，不再强调过多的模式化、封闭化、单一性的教学组织形式和教法与学法，转而更多地注重教学的实效性。

第四，新型的体育课堂应该是激励的课堂，强调过程性评价，重在参与体育学习和情感的体验，从而构建具有激励性的评价模式，如分层教学、自主学习、合作学习、探究性学习等。以多元化的教学方法，改变被动机械地学习。

(二)体育课基本部分设计要求

第一,充分利用场地器材。体育场地器材是体育教学实施的必要条件,也是保证体育课主教材落实的必要条件。

第二,有机渗透课改精神。新课程要在教学设计中有机地渗透课改精神,贯彻健康第一的指导思想,凸显健身育人,强调学生的发展。

第三,实现体育的本质功能——增强体质,掌握体育知识技能。在设计基本部分时,应根据学生的年龄、身心特点,注意观察,科学安排运动负荷,有效促进学生的体质。同时,在体育知识与技能方面进一步加强指导,掌握体育的知识与技能,培养学生对体育的兴趣。

第四,尊重体育教学规律,体育教学原则以及体育动作形成的规律。在不违背体育教学规律的基础上,开拓创新,改变教法,注重学习方法,重视教学过程。

第五,注重评价。体育教学评价是加强教学质量管理的一项重要工作。通过评价可以促进教师的专业发展,可以反馈信息,对教学活动做出客观的分析。因此,要注重评价,发挥评价的激励机制,调动教师的教学积极性,发挥学生的主体作用。

三、体育课结束部分设计

(一)体育课结束部分的主要目的

体育课结束部分是体育课教学中的一个重要部分。体育教师在教学中往往重视开始部分和基本部分,最后结束部分草草了事,形成了虎头蛇尾的现象。其实体育课结束部分也相当重要。一堂完整的体育课各个部分都必须设计好、上好。体育课结束部分是体育课的最后部分,也就是体育课教学的最后一个环节,使学生由超负荷状态逐渐过渡到正常状态。这部分时间一般占全课的五分之一,通过选择一些轻松缓慢的练习,使学生的脉搏逐渐下降,达到心理和生理的放松,同时,通过评价小结,明确本课教学成败,为改进提高体育教学提供必要的依据。

(二)体育课结束部分的基本原则

体育课结束部分的策略和教学效果与学生的发展有着紧密的联系,结束部分的策略形式多种多样,然而,由于体育教师的教学能力、教育素养的差异,教学的效果也就不同。选择有效的教学策略,有利于促进学生的身心健康;有利于学生的机体的恢复。因此,在选择结束部分的策略时应遵循以下原则。

第一,遵循体育课教学规律的原则。体育课教学规律是体育教学实践中基于对体育课教学规律的认识制定出来的。课的结构由准备部分、基本部分和结束部分三个部分组成。任何一堂体育实践课都由这三个部分组成，缺了某个部分就不是一堂完整的课。这是我国体育教学所形成的规律。体育课结束部分已成为一种规律。

第二，简单易行的原则。简单易行是指选择的练习内容要简单，学生能接受，做练习时保证有一定的质量。因为，体育课结束部分的目的是让学生身心放松，恢复机能状态，如果选择复杂的练习内容，学生做动作牵强，达不到放松的效果。一定要简单易行，学生会做、能做，而且做得有一定质量，这样才能达到放松的目的。

第三，遵循运动生理规律的原则。体育课生理负荷是指课中学生做练习的量和强度对机体的刺激强度。有生理负荷是体育课的一个特点，是体育课区别于其他学科的一个重要标志。这是由体育课教学目标的特殊性决定的。也就是说，要达到增强学生体质，提高身体素质的目标，必须使学生在课中承受一定的刺激，这就要有一定的生理负荷，有练习的密度和强度，这样才能对机体产生作用，达到锻炼身体的效果。体育课的结束部分的作用就是使学生在激烈的运动后尽快地调整机体，恢复到安静状态。根据运动生理规律，运动负荷的安排应该由小到大，由大到小，经过反复刺激，身体素质会有所提高。由此证明，遵循运动生理规律的原则，能促进学生的健康发展。

第四，陶冶情趣的原则。陶冶情趣就是在放松练习中，让学生沉浸在美好遐想中，配合优美的音乐，进行放松练习。在选择音乐进行放松时，要与陶冶情趣相结合，培养学生的艺术欣赏能力，增强学生的乐感，提高艺术修养和艺术情操。

第五，遵循承上启下的原则。承上启下是指结束部分练习的选择要与前后的练习衔接协调，在选择结束部分练习时，应根据体育教学的实际情况，教材的性质特点，练习的强度和密度等，安排练习内容。如武术课教学，一般运用太极放松及意念放松比较适宜，因为练习内容之间有着共同的特性。又如跳的练习可以运用按摩进行放松。当然，选择放松练习的内容要根据体育教学的实际情况来选择，要体现承上启下的原则，保证体育课的完整性，达到过渡自然的效果。

第六，培养学生能力的原则。培养学生能力的原则就是在每节课的结束部分，关注学生的学习状况，开发学生的思维，培养学生的分析评价能力。因为体育课结束部分除了放松练习之外，教师还要进行小结。在进行小结时，听取学生的评价，更能客观地了解教学情况。因此，在体育课结束部分要注重学生的能力培养，为学生搭建平台，发挥学生的主体意识。

(三) 体育课结束部分的一般形式

体育课结束部分由放松活动与评价小结两部分构成。

1. 放松活动

(1) 走与踏步。走步与踏步是最简单的放松形式，这种方式一般在跑步练习后，为缓解练习强度，由跑步向走步过渡，或者走到一定的位置原地踏步，放松并调整呼吸。走步与踏步放松的特点简单，容易操作，也可以在其他练习内容结束后进行放松。不足之处是练习单调，课堂气氛低。因此，在采用走步与踏步放松练习时，可适当加手臂动作。

(2) 太极放松。太极放松是以太极拳中的某一段或某一个动作进行放松的形式，太极动作的特点比较缓慢，是进行放松的有效手段。在采用太极进行放松时应该与主教材内容相配合，最好在武术教学课中采用，更有教学的连贯性、有机性，效果会更明显。当然其他的教学也可以根据教学实际运用太极进行放松。

(3) 意念放松（气功）。意念放松是指精神活动或思想活动控制精气神的配合，可在修炼中起到媒介作用。意念放松就是入静时达到意随气转，抛开杂念，想象丰富。采用意念放松时要配合呼吸，想象丰富。

(4) 瑜伽放松。瑜伽放松是通过提升意识，帮助人们充分发挥潜能，以拉伸配合呼吸为主要手段的一种运动方式。它能改善生理、心理、情感和精神方面的能力。选择瑜伽进行放松，能协调整个机体的功能，使身体增加活动。此外，还能培养心灵和谐及情感稳定的状态，改善生理、感情、心理和精神状态，使身体协调平衡，能够调节快节奏和激烈的运动。

(5) 舞蹈放松。舞蹈放松是以各种舞步配合手臂进行放松的形式。舞蹈内容丰富，形式多样，如华尔兹、校园集体舞等。一般体育教师经常采用此活动，而且在音乐伴奏下进行，既活跃了课堂的气氛，也达到了放松的目的。采用舞蹈放松应注意两点：一是对有难度的舞蹈进行改编，让学生容易接受；二是音乐应根据舞蹈动作的要求进行选择。

(6) 按摩放松。按摩放松是以保健按摩为手段进行放松的形式。按摩放松的方法有按压、揉、叩击、拍击、运拉、抖动等方式。在按摩放松时可采用自我放松和相互放松的方法。可站立进行，也可以在垫上或干净的地上（草坪）进行。按摩放松主要是对肢体进行放松，按摩的部位和方法应根据需要选择。

(7) 游戏放松。在结束部分时采用的游戏放松，要选择运动负荷小的游戏，以趣味性为主，如抓指、击掌等，通过游戏放松调节情趣、愉悦身心，切忌运动负荷较大的游戏作为放松。

2. 评价小结

评价小结是课的最后一个环节。通过评价总结，对本课教学的成败进行分析，同时明确努力的方向，由学生和教师双方共同进行评价与总结。

(1) 学生评价。课结束部分的学生评价，一是培养学生的能力，会分析、能交流，发挥学生的主体意识；二是让学生进行评价，对自己或他人的学习情况进行分析，便于教师了解学情并在教学中加以改进。

(2) 教师评价总结。主要归纳本课的教学情况，对教学中学生的表现，参与活动的情况以及技术技能的掌握进行客观的评价，并对于课中表现出的好人好事进行表扬。结束部分的评价与总结，关键点是教师的观察力和专业水平。因此，体育教师必须在教学实践中认真总结，不断反思，提高评价与总结的水平。

(四) 体育课结束部分设计要求

第一，体育课结束部分的练习选择是多种多样的，以上方式仅供参考，不是唯一的，教学要有创新。

第二，体育课结束部分的练习选择要有连续性，特别要注意科学性。

第三，放松练习的选择要注意简单易行和具有操作性，保证一定的练习质量。

第四，根据学生的生理、心理特点，要讲究情趣性。音乐伴奏的选择要与放松动作相协调。

第五，教师的评价小结要有艺术性，以正面教育为主，充分肯定学生的学习成绩。

第五章 体育教学组织及其德育教育渗透

相较于其他学科,体育学科更注重实践教学,具有一定的特殊性。因此,在体育教学活动中,体育教师应该充分考虑德育教育渗透的特点、作用,促进德育工作顺利实施。在本章,笔者将详细阐明体育教学的德育教育渗透、评价、重要手段、主要方法以及组织方式。

第一节 体育教学的组织方式

一、体育课常规

体育课常规是指在体育教学过程中对师生提出的基本要求和措施,包括上课时师生的着装、课的集合规定和队形要求,在教学过程中各种信号规定、活动要求等,课结束时的集合整队、收放器材等。

(一)体育课前常规

第一,学期初教师必须根据《体育与健康课程标准》和教材的要求,结合本校实际情况,认真制订好学年、学期、单元、课时计划,并确定好考核项目,公布考核标准。[1]

第二,根据课程标准要求(课程标准目标)认真备好室外体育课、雨天体育课、体育理论知识课。每位教师应有两周的备课提前量。

第三,上课前必须检查和布置好场地、器材,确保体育课安全、正常进行。

第四,教师课前应了解学生因病、因伤、因事不能上课的原因,并及时与班主任联系沟通情况。

第五,教师应注意仪表,穿好运动服和运动鞋,佩戴好哨子,提前到达指定的上课地点等候上课。

---

[1] 关北光,毛加宁.体育教学设计[M].成都:西南交通大学出版社,2016.

(二) 体育课堂常规

第一，预备铃响后，由体育委员整队，检查人数，教师做好记录，注意上课礼节。

第二，学生必须穿符合体育运动要求的宽松、轻便服装和运动鞋上课，不带有碍体育锻炼的物体，病弱学生和女生例假都应在课前请假，教师应安排适当的体育活动或助理工作 (见习)。

第三，教学中必须注意安全，应根据不同教材做好场地器材的布置工作，组织措施、保护帮助措施等方面都要认真落实，严防伤害事故的发生。

第四，教师要有多样化的教学方法和手段，要求教得生动，学得活泼，练得开心，教学术语规范，讲解精练，动作示范要正确。注意区别对待，对体弱、过胖、过小、身体素质差的学生应挖掘潜能，帮助其树立信心、调动积极性。

第五，根据学生的年龄、性别、生理、心理变化规律，科学合理地安排体育课的练习密度和运动生理、心理负荷，具体指标包括：全课密度30%以上，基本教材练习密度20%~30%左右，全课平均心率在120次/分~130次/分左右，最高心率180次/分，控制出现次数、强度指数1.3~1.6。

第六，体育教学中要根据体育课特点，充分利用教材因素进行德育渗透，进行爱国主义、集体主义、团结友爱、意志品质、拼搏精神、体育道德、人际关系等思想教育。

第七，教师应尊重学生的人格，严禁体罚和变相体罚。

第八，下课前要集合队伍进行小结。注重每堂课的信息反馈，布置课外体育锻炼作业，利用课余和每周的体育课外活动时间将体育课上学到的技术加以复习巩固提高。

第九，认真组织考查、考试，并做好成绩登记记录。

(三) 体育课后常规

第一，组织学生整理器材。

第二，按照课程标准考核和评价要求对学生进行综合评价并做好统计、分析、上报工作，以及资料保存工作。

第三，认真反思体育课堂教学情况，写好课后小结。

二、教学分组

体育课教学分组的目的是提高教学信息交流的质量和数量，使教学能够实现因材施教、区别对待,并能充分利用场地器材,增加课的密度。体育课的教学分组一般是按学生的年龄、性别、体能、运动基础等情况,把班级分成若干个小组,进行教学活动。但是,近年来,随着体育教学改革的不断深化,对分组教学的功能形式等方面有所拓展,因此,体育教学分组的方法又有发展。

(一) 性别分组

按性别分组教学就是把男、女生分开进行分组教学。一种是在自然班中把男女生分别编小组,另一种是打乱自然的教学班,重新组合教学班,把两个班级的男生合并成一个教学班,女生合并成一个教学班,通常称两班两教师男女生分别上课。也有的由于男、女生人数相差悬殊,采用两班三教师上课,这种形式一般在高中时较多采用。按性别分组教学有利于学生技术、技能教学,有利于区别对待学生。

(二) 友伴分组

友伴分组的形成依赖于人们参与的社会交往活动。学生依靠同学之间的情谊、自身实际情况和需要,选择与关系较为亲密的同学建立互帮互助、协同合作的学习小组,促进教学活动顺利展开,这种分组方式称为友伴分组。社会学者研究发现,人们通常希望与自己亲近、熟悉的人聚在一起,共同参与各个活动。因此,通过友伴分组方式,学生的学习积极性、主动性得到了充分的提高,并且在这种相对舒适、宽松的气氛中,学生能够激发自己对体育学习的兴趣,出色完成体育学习目标。当然,需要注意的是,虽然这种学习分组方式是体育教师提出的,要求也是由教师制定的,但是分组的形式需要依照学生自己的实际需要自由选择,学生能够和自己相熟识、关系密切的同学一起学习、活动、练习,提高学习效率。

(三) 同质分组

同质分组是按照学生之间相类似的情况进行分类,在体育教学活动中,体育教师可以根据学生的学习情况、兴趣爱好、运动技能以及个人体质等因素进行同质化分类,使每个学习小组成员在各方面保持一致水平。例如,在进行短跑练习活动中,体育教师可以把体质相类似的同学排成一组,关注每位同学的身心健康发展,顺应教学理念;在篮球跑动传球教学活动中,体育教师还可以按照学生自身实际情况、不同能力,分成四角传球、三人一组八字传球、两人一球跑动运球上篮以及原地迎面跑动传接球等。

由此看出,同质分组强调小组成员各方面的同质化,体育教师可以根据每个小组的不同情况展开针对性教学,如各小组在兴趣爱好、学习能力等方面表现出的差异,使学生能够得到全面的提升。当然,这种分组方式也存在不足,在体育教学活动中,若体育教师没有妥当处理各小组成员间的差异,则容易导致学生产生自卑感,极大降低学习的主动性和积极性。因此,体育教师在运用这种方式对学生进行分组时,应该充分考虑学生的实际情况,并向学生阐明分组的目的、意义,尽可能避免学生出现自卑、抵触情绪,从而帮助学生提升学习效率。

(四) 异质分组

与同质小组不同,异质小组是体育教师按照学生学习能力、体能水平以及运动技能等方面的差异进行分类,组内成员在各方面的情况不同,但各组之间的综合实力、整体水平大致保持在一个相同的水平线上。在体育教学活动中,异质分组方式能够满足学生的某种需要,使小组成员可以互相学习,减小各小组之间的差异,弥补同质分组方式的不足,从而促进体育教学活动顺利展开。例如,在开展接力跑活动时,体育教师可以将跑步速度较慢的学生与跑步速度较快的学生分配在一个小组中,使各小组之间的综合水平保持相对均衡。由此看来,异质分组方式能够缩小各小组之间的整体差距,使学习水平保持相对均衡,促进开展体育教学中各种竞赛活动,丰富体育教学方式,活跃课堂气氛。

(五) 合作分组

合作分组方式是现代教学活动中比较倡导的组织方式,其目的是充分发挥各小组成员的优势和长处,互相鼓励、互相学习、互相帮助,使学习效率最大化。这种分组方式没有严格的分组要求,学生可以自由组合,教师也可以有目的地按照相应的需要分配小组,共同完成学习目标。例如,在合作跑练习活动中,学生的学习积极性和学习热情得到了激发,提升了学生的技能、体能,并且在这个过程中,极大地提高了学生的集体主义精神、合作意识。由此看来,合作分组方式能够为学生提供一个相对平等的学习环境,通过学生之间的不同分工方式,学生各方面能够获得综合提升。

(六) 同伴辅导式分组

顾名思义,同伴辅导式分组方式强调学习辅导,教师有意识地将那些运动技能、体能训练以及学习能力较强的学生与较差的学生分配在一个小组内,使体育学习较差的学生能够更方便、直接地接受帮助,提高学习效果。具有一定体育特长的学生可以在自己所擅长的领域帮助、辅导较差的同学,甚至可以通过一对一的辅导教学方式,提高他们的体育学习能力。这种教学组织方式所获得的成效要优于教师一对多的辅导教学方式，尤其在学生人数较多的大班教学中优势更为明显，更好地诠释合作教学方式的学习内涵，提高体育学习效率，促进学生全面健康发展。

由此看来，体育教学组织形式种类繁多，教师可以根据教学目标、教学内容以及学生自身的情况，选择合适的分组方式，并且还可以几种组织形式结合使用，获得良好的体育教学效果。

三、分组教学主要形式

分组教学形式应依据一节课中学生人数、教材性质、场地器材等条件，班内小组各种教学活动可以采用不同的、交替与轮换的形式，目的是增加练习密度、练习次数，提高活动效果。一般可以分为以下两种教学形式。

（一）分组轮换

分组轮换是体育教师为各小组设置不同的教学内容、教学目标，并按照一定的轮换时间、轮换方式进行轮换学习的组织形式。这种教学形式主要是为了应对场地器材不足的状况，使每位学生都能够获得实际锻炼的机会，使他们的体能训练、运动技能得到提升，体现了合作学习方式的理念，有利于学生集体主义精神、合作意识的培养。当然，这种教学形式也存在一些不足，体育教师需要提前对场地器材的使用顺序做合理的规划，综合考虑学生的生理负荷。例如，在单杠、快速跑体育教学活动中，通常应先进行单杠训练，随后是快速跑训练，若是采用分组轮换教学方式，则必然会出现一组训练顺序不科学、不合理的情况。因此，教师可以采用三组两次轮换方式和两组一次轮换方式，前者适用于教学内容简单、场地器材少且学生人数较多的情况，而后者适用于教学内容复杂且学生人数少的情况。

（二）分组不轮换

分组不轮换是各学习小组学习内容相同的教学形式，体育教师可以将学生分成若干个小组，并独立实施教学活动，这既能够方便教师全面指导，又能够解决学生生理负荷方面的困难，但是这种方式只适用于场地器材丰富的情况，对于那些场地器材比较匮乏的情况，使用这种教学形式存在较大难度。

四、学生队形和队伍调动

体育实践课在操场上进行，学生的站位、练习队形、调队调动等问题，虽然是一些细小的教学环节，但是如果不遵守教学规律，不注意的话，会影响课堂教学，同时，也是反映教师组织能力的具体表现。因此，对体育教学的细小环节必须引起重视。

(一) 学生队伍的站位

学生队伍的站位是指上课学生站位，教师向学生提出的基本要求。为确保教学工作的正常进行，要规定学生的站位位置。学生的站位应遵循三背、三向和一平行的要求，即学生站位要尽量兼顾到背风、背阳、背向干扰，又要兼顾到面向教师、面向器材、面向练习场地，以及保持与学生的练习方向、练习路线相平行。

(二) 学生队伍的队形

体育课的队形有横队、纵队、弧形、V 字形和散点。一般以横队为主，习惯以高个学生为右翼排头的顺向队形。在上课集合讲解示范、放松等练习时采用上述基本队形。这些基本队形便于教师观察学生的整体学习情况。在组织教学中，教师应根据教学需求选择学生队伍的基本队形。

学生的队伍调动是指由原来队形改变成另一种队形形式，也是教师组织教学的重要方面。在体育课教学中，调动队伍，具体体现教学的规范，是教师专业能力的反映。通过教师的指挥，学生按照顺序与要求迅速列到练习的地点，可以节省教学时间，有利于教学活动。例如，上课队形两侧横队要调整到学生面对面四列横队，中间有一定的距离，这时教师先通过报数后成四列横队。然后，指挥三四排不动，一二排齐步走、立定、向后转就成了需要的练习队形。也可以三四排向后转，立定向后转成练习队形。又如，两列横队到四路纵队的队形，教师同样先报数成四列横队，然后向左或向右转，左或右转弯走到练习需要的地点。同时，根据场地情况，两排先走，两排后走。再如，两列横队列圆形练习队形，先向左或向右转，按要求走成圆形。

综上所述，由于体育运动项目较多，各项目受场地器材的制约，练习队形应根据教学实际进行调动。切忌口语化、随意进行学生队伍调动，必须按照队列和指挥要求科学、合理地进行队伍调动。

五、练习队形

练习队形是学生按照一定顺序进行练习排队与站位的一种形式，受运动场地器材及以运动项目的制约。每一项目练习都有其特点和练习要求。因此，要根据不同的项目采用不同的练习队形，以此保证练习的密度、次数和质量。如跑、掷、武术、杠上运动、篮球等运动项目，由于项目不同需要采用的练习队形也不同。但是在体育课教学中，往往许多教师不注意练习队形，由此，教师不便观察练习，学生之间缺乏交流，练习密度和次数较低。特别是教学的观赏性、艺术性较差。其实练习队形在教学中的作用是不可轻视的。

（1）美观性。美观性是指学生练习队形的美观、大方、有立体感。在一般教学情况下，教师往往采用四列横队进行练习。当然，四列横队可以进行练习，但是缺乏美观性和观赏性，教师与学生之间观察视线不清楚。如武术，如果稍做队形改变，每列横队之间交叉排队，或者成两个三角形队形。从队形上看有立体感，从学练角度看，教师与学生之间便于观察，能有效地提高练习效果。

（2）操作性。操作性是指练习队形便于学生进行活动。体育课以动为主，学生通过练习增强体质，掌握动作技术技能。练习队形的合理化是操作性的具体体现，能便于学生的练习，增加练习密度和次数。因此，练习队形的合理化是提高教学效果的有效途径。

（3）互动性。互动性是指练习队形的合理与否，是否能在教学中促进师生之间的观察交流。体育教学必定受到场地运动项目的制约，队形合理，教师的示范、指导、巡视等对学生学习都有很好效果。而且，教学能够在教师的掌控下开展活动，使教学有条不紊地进行。

六、教学节奏要求

体育教学节奏是教学过程中的活动节律。它通过动与静、快与慢、张与弛、收与放等多种对比和转化，形成不同的节奏感，产生不同的教学效果。适宜的教学节奏能对学生产生生理上的合理刺激，引起学生心理上的共鸣，从而促进教学；而不恰当的节奏，会产生心理上的障碍和生理上的不良刺激，对教学起消极的作用。因此，在体育教学组织过程中应根据教学情况把握以下几点教学节奏要求。

（一）动、静结合

动是指身体活动和心理活动，体育实践课是以身体活动为主的，但是从一节课的教学过程看，如果一直不停地动，不仅容易产生机体的痛苦，还会引起节奏的紊乱。因此，体育课教学要动静结合。何时动，何时需要听教师讲解、看教师示范，这都是体育教学的技巧。动与静的具体安排要根据教学目标、教学内容、学生的练习素质和具体环境而定。

（二）快、慢结合

快与慢体现在教师的组织教学和学生的练习过程之中。从教师的角度来讲，讲解语言和示范都有个快与慢的节奏问题。讲解语言的速度、力度、语调要快慢适度，抑扬顿挫。不能过快或过慢,过快学生听起来吃力,过慢学生的情绪调动不起来。示范的速度也要适宜,如果太快,学生看不清楚;如果太慢,把完整的动作分成几个动作,破坏了动作的完整性。所以,快慢结合,要坚持该快的时候要快,该慢的时候不能快。

(三) 张、弛结合

张就是紧张,弛就是放松。张与弛既对立又统一。从一节体育课来看,应该有张有弛。如果只强调张,某种强度的刺激长时间作用于感官,就会产生机体的痛苦,出现感受性障碍,不利于健康,甚至会发生伤害事故。如果只驰不张,则课就显得平平淡淡,特别是学生学习没有激情。从一节课来看,好的体育课一般总有几个高潮,这样课堂氛围活跃,学生的学习积极性也调动起来。从教学内容的安排上,也应难易和强弱搭配,重点难点教材学习较紧张,而复习教材学习较放松。从生理上看,活动量强度大的教材体力消耗大,而强度小的可使体力得到调节。因此,一节课的教学必须从学生的生理及心理、教学内容等方面去思考张与弛。

(四) 收、放结合

收是指在教师的掌控之下开展的教学活动,按照体育教学原则、运动规律对学生严格要求,掌握课堂的组织纪律,做到组织严密,有条不紊,充分发挥教师的主导作用。放,在教师的指导下,给予学生自主活动的空间。放要有目的,放要发挥学生的主动性和创造性。发展学生的个性,做到团结紧张,严肃活泼。收放相结合是相对的,如果教师上课只收不放,抑制学生的主动性和积极性,课堂教学没有生气;如果只放不收,是一种不负责的教学态度,也就是体育课放羊式教学,久而久之,学生学不到东西,而且,教师无法控制组织纪律。因此,收放要从教学内容、学生的年龄等实际出发,使收放达到收而不死、放而不乱的教学目标。

第二节 体育教学的主要方法

体育教学方法是教师和学生为完成一定的体育教学任务,在共同活动中所采用的教学方式、途径和手段的总称。过去在体育教学中,往往都比较重视教法的研究,缺乏对学生学习方法的研究。随着体育教学改革的深入与发展,学生的学习方法已逐步引起了重视。同时,对体育教学方法的研究也必须弄清一些概念问题。

体育教学方法是实现体育教学任务或目标的方式、途径手段的总称，属于体育教学法范畴。教学法是教学方法的上位概念，包括教学原理、原则和方法，具有指导意义的方法论，是一种指导体育教学方法的方法，带有总结性、归纳性的特点。如启发式教学（学导式教学法、发现式教学法）、陶冶教学（音乐伴奏教学法、情景教学法）等。体育教学方法是体育教学法或体育教学论中一个专门讨论体育教学方式、途径和手段的课题。体育教学方法是多种多样的。一方面是普通教学方法在体育教学中的运用；另一方面来源于体育教学实践，是体育教学中特有的。因此，体育教学方法在实现体育教学任务或目标中起着桥梁和中介作用。

一、体育教学方法的作用

体育教学方法是以实践为主，具有很强的实践性、操作性。由于学科的特点，掌握一定的教学方法是一个教师必备的文化素养和职业能力。因此，体育教学方法具有以下作用。

（1）有效地完成体育教学目标。教学目标的达成需要各种有针对性的教学方法。如果不运用一定的教学方法和手段进行教学，那么，体育课就很平淡，而且无法解决学习中的问题。因此，为了能够有效地完成体育教学目标，必须依赖和运用一定的教学方法。

（2）教学方法是教学过程中最重要的组成部分。体育教学方法在教学过程中与教学内容、教学组织形成等诸因素是相互影响、相互依赖的。教学方法起到一定的中介作用，它把教师与学生联结起来，使学生与教材、学生与学生融成一体，从而保证了教学的教养教育、发展目标的完成。教学方法对激发学生锻炼的热情，提高学生练习的兴趣，也具有重要作用。

（3）教学方法有助于检查和评估师生在教学过程中的质量与效果。检测教学质量的好坏要看教师运用的方法和学生的学法是否有效。由此证明，教学方法是检查和评估教师和学生的重要因素。

二、体育教学方法的内容

（一）语言法

语言法是指体育教师在教学过程中，使用不同形式的语言开展训练，来帮助学生掌握各项动作要领。通过语言，学生能够明白需要完成的具体任务，并积极思考，以正确的态度完成任务，加深对所学知识的理解，加快对体育知识和技巧的了解和运用。这种教学方法不仅能有效地改善学生的身体素质，还能培养学生解决问题的能力。体育教学过程中特定语言风格如下。

(1) 讲授法。讲授法是教师通过语言系统向学生传授知识、技术、技能的方法，可以分为讲述法和讲解法。讲授法是教师向学生叙述事实或描绘所讲的对象。在体育教学中，除了理论讲授之外，主要介绍动作名称、动作方法与要领。

例如，在进行《蹲踞式起跑》一课教学时，首先采用析题直入（用提问法），即对所讲的练习内容进行直接解释导入新课，接着运用图示，通过精练的语言或运用教学口诀对蹲踞式起跑（"各就位""预备""跑"）三个阶段的动作要领做适度讲解，让学生明确蹲踞式起跑的重点是蹲距式起跑的技术要领和起跑后的加速跑的技术特点，难点是蹲距式起跑双脚位置的确定、身体重心怎样向上移动、双脚膝关节之间的角度大小、起跑后的加速跑重心的变化过程等，初步建立蹲踞式起跑的动作概念。然后，通过教师示范和学生的学练来辅导学生掌握蹲踞式起跑技术，完成教学任务。

蹲踞式起跑动作要领如下。

各就位——听到"各就位"口令后，两手撑地，双脚前后距离1.5个脚掌，前脚距离起跑线1.5个脚掌，后膝跪地，两手放在紧靠起跑线后沿处，两臂伸直，肩与起跑线平行，两手间隔比肩稍宽，四指并拢和拇指成八字形支撑，两脚左右间距大约15cm（或一脚长）。可用"一脚半、一脚半、一拳两虎口"这一口诀简明扼要地解释动作。颈部自然放松，两眼视前下方约40~50厘米处，注意听"预备"口令。

预备——吸气，从容抬臀略高于肩，肩部略过起跑线。

鸣枪起跑——两手迅速推离地面，积极蹬摆，上体前倾。

(2) 口令法。口令法是按一定顺序，组织集体活动，调动队伍，完成集体练习的一种教学方法。

(3) 口头评定成绩。口头评定成绩是在教学过程中按一定的标准，用简短的语言评价学生学习结果的一种方法。例如，学生在练习过程中或完成动作后，教师以肯定或否定的语气对学生学习结果进行评价。一般用"很好""不错""有进步"或"不对""错了"等。口头评价主要让学生知晓练习结果的好坏，巩固成绩，改正缺点。

(4) 指示法。指示法是选择一定的词语，运用区别于口令的比较平静的词语，传递信息和表达教师意图的方法。例如，在学生练习前，教师指示"准备开始"，在练习过程中教师指示"再练一遍"等。

(5) 口头汇报。口头汇报是学生根据教学要求，简明扼要地表述学习心得和对教学内容练习的见解以及疑难问题等的语言形式。这是教师了解教学效果的一种方法。它能促进学生积极思考，提高学习的自觉性和积极性，加深学生对教学内容的理解，是学生自我评价和自我监督的一种方法。

(6) 分析讨论法。分析讨论法是教师向学生传授"三基"、进行思想教育所运用的教学方法,在运用时采用交谈、分析、研讨。例如,投掷时要注意什么,出手的角度与速度等。

(7)默念和自我暗示。默念和自我暗示是通过无声语言来表达的。默念是在做动作前默想整个动作的过程或动作的某些部分,动作要点、用力的方向和程度等。自我暗示是暗示默诵某些指示的字句,如动作要稳住、低头、抬头等。

(二)完整法

完整法是指学生从头到尾地将所学的体育动作完整练习,这种教学方法不破坏动作的完整性,让学生对整个动作有系统的了解。在具体实践中,通常如果将一个动作分成几个不同的部分让学生练习,会破坏动作的结构。对于不适合分解的动作,可以采用突出重点的方式进行练习。比如可以先注意基本动作技术,然后注意具体细节,慢慢掌握整个动作,直至熟练。

在教学中,完整教学法常用于简单动作和基础动作的学习。例如,队列练习、徒手操练习、跑的练习,球类中的传接球练习、武术基本功等。教师简要讲解动作技术,并对动作做连贯的完整性示范,学生进行全部动作的连贯性模仿学习,从而达到教学效果。除此以外,完整练习法主要运用于学习的开始阶段与后期阶段。例如在学习太极拳动作之前,给学生以完整的动作示范,使学生对所学内容有个初步的了解,形成完整的动作概念。当学生基本掌握了动作,弄清了动作方向路线之后,就应在动作质量上下功夫,力求招式准确、方法清晰,在做组合动作练习时,要特别注意手眼身法步的协调配合。可用完整教学法进行教学,以求动作的连贯性、熟练性。

(三)直观法

直观法是使用视觉,通过听觉和肌肉等感觉器官来感知体育教学中的动作的教学方法。通过这种方法,有助于学生更好地理解图像、结构、运动性质,完成方法以及时间与空间之间的关系,从而在学生脑海里建立对应的动作形象。体育教学中经常使用的直观方法主要有以下四种。

(1)听觉方法。这是一种使用声音信号的方法,使学生可以准确地掌握动作的时空特点。

(2)视觉方法。这是一种学生使用感官来观察学习动作的方式,视觉对于体育教学中的表象动作以及帮助学生掌握动作特征方面起着重要作用。在体育教学过程中,可以经常使用直观的形式来帮助学生理解动作,具体的一些方式有动作演示、定向标记以及模型演示等。在动作示范中,教师以特定的体育动作为例,来帮助学生理解所学动作的特征并掌握动作要领,在脑海中对所学的动作有一个正确的概念。模型演示具体是指使用图表、照片、人类行为模型以及其他间接和直观的方法来向学生展示动作技术。定向标记也是一种直观的方法,使用特定的图像或者形象来标记动作,来表达动作中的具体特征。例如,在进行跳高动作的教学时,可以使用标记来表示需要跳跃的高度或距离。

(3) 动觉方法。它让学生通过自身的本体感受器来体验动作,这种方法能帮助学生区分动作时空上的联系。这种方法通常使用外力来改善某个身体特定部位的触觉,以帮助学生掌握动作。

(四) 分解法

分解法是指在体育教学中,教师将本来完整的动作分解成几个部分,并让学生逐个练习,最终完全掌握整个动作的一种方法。此方法简化的动作,可以让学生快速理解动作,缩短了练习时间,增加了学生在练习过程中的自信心,更快地掌握动作。但是,如果在教学过程中对该方法使用不当,比如动作的分解不够合理,那么学生需要学习的动作结构很容易被破坏,从而影响整个体育教学效果。老师在使用分解法应注意这一点,要尽量避免动作的结构被破坏,学生们学习分解动作的时间也不应过长。除此之外,分解法和完整法在实际教学过程中,可以结合使用。

分解教学方法常用于难度较大或复杂的动作技术教学中。例如,在武术、太极拳教学中,为了便于学生弄清动作的方向、路线和更快更好地掌握动作,经常将一个完整的技术动作分成几个部分教学,把复杂的动作分解成简化动作,把难度动作分化成基本动作进行教学。待学生基本掌握后,再组成完整动作练习。比如在教授"歇步盖打"技术动作时,学生完成起来上下肢不够协调。这时可分解为"撤步盖掌"和"歇步冲拳"两个上下肢分解开的动作。在太极拳"白鹤亮翅""左右搂膝拗步"动作教学中进行分解教学,分解成跟步抱球后坐转体—虚步分手,屈腿后坐—悬臂托掌,弓步搂推,消除学生畏难心理,帮助学生准确把握难点动作的关键,把复杂的动作——清晰化,从而树立起学习的信心,提高体育学习的积极性。分解法教学有效地缩短了掌握动作所需的时间,达到事半功倍的效果。

(五) 比赛法

比赛法是指在比赛条件下,组织学生进行身体练习的方法。比赛法的特点:竞争激烈性强,对学生的体力、智力、生理、心理、技术、战术以至战略战术的运用等方面的要求较高。因此,在组织教学比赛时应注意:比赛时学生人数、实力相当;必须制定规则、标准,并按规则要求组织比赛,比赛结束后应作出公正的评定;比赛前要检查好场地、器材以及了解学生的身体状况。

(六) 重复练习法

重复练习法是指学生在一个不变的条件下，根据练习任务重复练习的方法。重复练习有两种方法：一种是连续重复，另一种是间歇重复。连续重复法可以锻炼学生们的心血管系统，能对学生的意志和素质的培养产生积极影响。间歇重复是指在进行重复练习时，会有一个相对稳定的间歇时间让学生休息。使用重复性练习方法时，首先要保证练习环境的稳定，然后再掌握运动技能，并完成相应的练习任务。具体的重复次数要根据运动状况和身体特征来决定。除此之外，老师需要在练习后安排相对固定的时间间隔让学生调整，然后再进入重复练习。

(七) 变换练习法

变换练习方法是指在变化条件下重复进行实践的方法。这不仅能提高学生们的运动技能和技术，还能培养学生们的意志力。通常，通过变化运动技术中的速度、幅度，或者是改变运动过程中所需器械设备的高度或者重量等，来达成不同的运动的形式或组合。变换练习法有两种类型：一种是连续变换，另一种是间歇变换。连续变换是在不断变化环境中进行运动实践的一种方法，主要用于周期性项目的练习实践。比较常见的一个运动项目的是耐力跑步，通过改变跑步的速度或跑步环境来完成练习。间歇变换主要有两种表现的形式，一种是通过不断增加学生的运动负荷来完成；另一种是通过经常变换学生的运动负荷来完成。在间歇变换中，学生们的运动负荷数据不断变化。在体育教学过程中，学生在经过间歇后，老师都应该增加学生的运动负荷。比如，体育教师在训练学生距离跑时，学生间歇后，在下一次训练中应该加大跑速。然而，在经常变换运动负荷方式中，学生承受的运动负荷不固定，可以时大时小，在跑步中的速度可快可慢。

在进行技术教学时，教师可以整理出不同教材的相似规律，并合理安排教学的进度和教学方式，这样可以让学生在更少的时间内学习到更多技术，加快学习进度。例如，在进行体操训练中，鱼跃前滚翻、双杠前滚翻、纵向前滚翻、手倒立前滚翻等动作中的基础动作都是前滚翻。因此，体育教师在在教这些技术之前，可以先让学生们练习前滚翻，然后再开始后续教学。这些教学方法循序渐进，可以让学生举一反三，巩固基础。通过这种方式，学生不仅可以快速掌握动作，还可以在不断地练习中强化自己的技能，使技能掌握得更扎实。

又如，耐力跑是体育教材中的一项重要内容。但是，由于练习持续时间长，体能消耗大，加上教师教法简单，练习方法单一，学生容易产生害怕与厌倦的复杂心理，影响了耐力跑的教学效果。为了解决这一问题，在教学实践中采用变换法教学使学生对耐力跑产生浓厚的兴趣，提高教学实效。①变换路线法：改变传统的场地绕圈，而发展为有路线变化的图形跑，可以使学生产生新鲜感，提高学习积极性，如蛇形跑、螺旋形跑、"8"字形跑、花瓣形跑、多角跑、对角线跑等。②变换跑的动作形状和方向：采用小步跑、跨步跑、后蹬跑、后退跑练习。③变换内容和形式：运用流水作业法，如第一圈小步跑、后蹬跑练习，第二圈慢跑、中速跑、快速跑练习；巧设障碍，增加难度，如跳越、钻越等各种人为或自然的地形障碍跑练习；按体质的强弱分组，各组进行4×200米、4×400米接力跑比赛，或将学生编组进行追逐跑比赛练习；在跑步过程中采用依次跑、结伴跑、超前跑、定时跑、变速跑和走跑交替等形式的游戏练习。④改变练习的条件和环境：在耐力跑的教学中不仅可以利用一些教具（跳绳、橡皮筋），还可以利用校内的各种自然环境或一些人工制造的环境进行练习，发展耐力素质，达到预期的教学目的。

(八) 循环练习法

循环练习方法是让体育教师根据要求选择几个练习、布置几个任务，然后按照特定顺序，让学生必须在规定时间内完成指定的练习任务后，才能开始下一个练习任务。只有在完成一轮后，才能下一轮练习，并重复该练习操作。这个练习方法不仅可以增加运动密度，还能增加运动负荷。循环练习方法非常简单且易于实施，学生在练习过程中很容易完成。因此，非常利于激发学生的兴趣，并且促进增强体力、运动能力等。

运用循环练习法时应注意：设置练习不宜过多，以4~6个为宜；选择的练习应简单，学生会做；练习按顺序进行；各练习点的内容、运动负荷基本上差不多。循环练习法是进行多项素质练习的比较理想的教学手段。它所用练习内容多，效果好，容易激发学生的练习兴趣。例如，实心球与50米快速跑教学，安排了一组高抬腿、举哑铃、跳绳、立卧撑四项素质练习，把学生分成四组站成四方形，每组学生各自进行不同内容的素质练习，每次1~2分钟，听到哨声，则按顺时针交换练习。这样，使学生达到了一定的运动负荷量，增强了体质，也渲染了课堂气氛。

(九) 预防与纠正错误法

预防与纠正错误法是教师在教学过程中预防、纠正学生动作错误的方法。学生在学习运动动作过程中，不可避免地会犯错误。如果不及时纠正，学生将一直以错误的动作来练习，最后会得到定性。在定性后，如果还想改造这将花费更多的精力和时间。因此，体育教师必须在教学过程中采取有效措施，针对学生出现的错误行为及时预防、纠正，让他们改正自己的错误动作。在使用这种方法时，教师须首先分析学生出现错误动作的原因，然后根据找到的原因选择适当的方法，达到预防和纠正的效果。因此，教师必须分析和研究错误动作背后的原因，找出主要的错误动作并选择正确的解决方案。预防、纠正错误动作的过程中，老师需要极具耐心、细心和热情。

预防与纠错法是体育教学中经常运用的教学方法。例如，在垫上运动的前滚翻教学时，首先针对学生遗忘动作或对动作要领不清楚而出现错误时，采用"提臀、蹬地、低头、团身"语言提示动作要领，来启发与引导学生完成正确动作。同时，在练习中引导学生观察，发现错误动作，主动参与交流，对错误动作提出质疑，让学生自己或互相纠正错误动作。对于错误动作遵循区别对待的原则，共性的错误，可采用集体纠正的方法；个别的、特殊的错误，采用单个、逐一纠正的方法。对于教学中学生易犯的错误，可运用一些诱导性练习，结合正确与错误动作的对比，帮助学生逐渐地纠正错误动作。如针对学生在练习中往往不能团身抱紧，要求学生两手抱紧小腿，大腿紧贴胸部，或者可有意识地设置有一定坡度的斜坡，让学生借助斜坡向下滚翻，这样能促使正确团身动作的形成；滚翻方向不正，在垫上划两条限制线或在两旁放障碍物，要求学生两手用力均匀地撑地和两脚同时蹬地，在限制线中间滚；滚翻时两腿分开，要求学生做两膝夹物；低头不够，要求学生用手顶着垫，下颌贴锁骨，或者眼睛看自己胸前纽扣来进一步掌握正确动作。

三、体育教学方法的优化

体育教学水平的提升需要依靠教学课程以及教学方法的不断创新和优化，体育教师作为体育教学的主要组成部分起到了至关重要的作用，如何积极有效地对教学方法进行科学优化就成为当前阶段提升教学质量的主要课题。

（一）自主学习法的使用

主动学习法也称自主学习法，在教学工作展开的过程中，该学习方法旨在帮助学生建立主观学习意识，并且由此来制定相对应的学习目标和学习内容。

（1）自主学习的原因。首先，自主学习方法能够帮助学生建立主体地位，使学生能够享受学习带来的快乐；其次，能够帮助学生建立良好的学习习惯和学习方法；最后能够最大限度地保证学习效果的提升。

（2）自主学习的特点。首先，自主学习能够表现出极大的独立性，因为该方法的产生是根据学生不同的学习能力而制定，这种因地制宜的学习方法是相对于不同学生而独立存在的；其次，自主学习表现出学生的主观能动性，同时还体现在学生的自律以及自我学习，学生学习的内容较之传统教学而言则丰富了很多；最后，自主学习展现了学生的无限创造力和模仿力，学生在自主学习中因为有着浓厚的学习兴趣以至于能够运用独特的思维和见识来面对体育学习，并且能够找到最适合自己的学习方法。

(3) 自主学习的教学步骤。首先，需要为自主学习方法制定较为明确的学习目标，该目标的制定是完全依据学生的自我情况以及能力爱好而展开，并且学生可以自己制定满足自身需求的学习目标；其次，自主学习需要学生进行自我评价和自我引导，学生根据制定的学习目标来审视自己的学习过程，以便从中找到不足并积极改正；最后，需要学生进行有效的自我调控，根据一段时间的自我学习，学生要根据学习成果来进行调整和补充，通过改变学习方法和学习目标的手段来增强自己的学习能力。

(二) 探究式学习法的使用

探究式的学习方法主要是指教师建立互动学习的平台，通过与学生的不断沟通和探究来解决学习问题，对此教师可以自己设定教学情境，让学生在情境中通过学习和思考来找到问题的核心和解决办法，最终通过教师的总结和学生的自述来完成教学内容的学习和掌握，探究式学习方法能够更大程度地激发学生的学习兴趣，并且能够帮助学生创建创新思维意识。

(1) 探究学习法的特点。首先，探究学习过程中强调学生的积极参与，通过情境的描述和再现来引导学生从中发现和探索；其次，探究学习法是带着问题而进行的，通常伴随着教学情境再现的还有相关问题存在，这些问题的产生能够调动学生的学习积极性；再次，探究学习法有着较为开放的学习氛围，往往没有统一的答案来针对同一问题和学习内容，有助于提高学生采用发散性思维思考问题的能力；最后，探究学习方法特别注重教学内容的实践，往往通过积极的实践来对问题进行探究和理解，以便最终掌握该学习内容。

(2) 探究学习法的注意事项。首先，对于探究学习法中的问题设置需要慎重考虑，不宜过于困难，太过于困难可能会降低学生的学习积极性，反之亦不能太过简单，太过于简单则会降低学生的学习兴趣，所以要根据学生的实际情况来进行问题的设定；其次，探究学习目的是要让学生积极参与到学习内容中，所以要鼓励学生积极参与，并且鼓励学生进行大胆创新和思维发散，对于学生在学习过程中所犯的错误应当理解和关心，给予积极帮助，不要打击学生的学习积极性；再次，要努力构建学习兴趣小组，利用小团体的集体智慧来独立解决学习过程中出现的问题，这样能够提升学生的学习成就感；最后，采用探究学习法时要充分考虑各种体育运动的特点和注意事项，在保证安全的前提下帮助学生理解和掌握。

（3）在进行探究式学习方法时的教学步骤主要如下：①提出问题。体育教师应该根据学生们现阶段所学到的知识理论，结合他们的具体学习情况，向学生提出各种问题。②分组学习。体育老师提出问题后，将学生分为不同的学习小组，对于提出的问题让学生们可以通过小组讨论得到解决方案。③实践方案。每个小组的小组成员应将根据教师要求提出的方案在教学过程中进行具体实践，以测试该方案是否可行。④进行评估和改进。在小组讨论完成的基础上，根据小组的完成情况进行评估，让学生进行总结能从中得到进步，提高思维能力。

（三）发现式教学法的使用

发现式教学法就是人们常说的"问题法"，这种方法主要是根据青少年的"好奇心"这一心理特征来开展的，旨在发展学生的创造性思维能力，专注于解决问题，以教材为具体教学内容，让学生在教学过程中不断发现问题，并逐步解决，是一种能够极大激发学生学习兴趣的教学方法。从学生的角度来看，发现不仅局限于发现人类尚未解的事物，还包括所有凭借自己的思想来获取知识的方法。

（1）在使用发现法进行教学时，需要的教学步骤如下：①首先是提出问题或者是创建一个可以提出问题的情境，让学生能够有提出问题的情境，在之后的学习阶段可以带着这些问题去思考，并逐渐解决这些问题。②学生们通过多次练习，掌握所学动作的技术要领。③教师组织学生在提出问题后，通过思考和讨论，总结运动技术中的原理和方法，通过实践解决相应的问题。

（2）使用发现法时需要注意的事项如下：①教师应善于提问，并且应该在教学过程中努力激发学生对学习的热情。学生也必须在学习过程中主动提出问题。教师可以为学生创造一个适合提出问题的情境，辅助学生完成。②教师在体育教学过程中，充分利用现有知识经验，和学生一起探索未知事物，并及时提出适当问题。③善于使用设问的方法。设问法也是提出问题的一种，能够启发学生的思考，用设问的方式来让学生回答。同时，也可以在提出问题时结合一定的激励措施，进一步激发学生的积极性。④学习的进度应该是从易到难，从简单到复杂，从具体到抽象，逐步地完成任务。⑤应该集中精力去攻破教学中的难点，消除学生的疑惑。体育教师还应该发挥指导的作用，在学生解决问题的过程中应积极引导学生找到问题的根源。⑥鼓励学生勇于创新，勇于探索。

（四）合作学习法的使用

（1）合作学习的具体含义：合作学习方法是一种以互助学习形式开展的方法，在这种形式中，小组的任务被分解成了各个小任务，然后将这些小任务分配给小组成员，最后由大家一起完成。

(2) 合作学习表现的特征：①小组成员们彼此合作。每个成员都知道到自己与该小组的其他成员享有共同的荣誉和耻辱，每个人都有责任做好自己应该完成的任务，每个成员之间要建立紧密的合作关系。②小组成员都有个人责任。个人责任是指每个成员必须完成好自身被分配的任务，小组中各个成员的个人学习情况与完成任务的情况影响着整个小组的成功。在小组活动中，如果没有对每个成员分配明确的应履行职责，则很容易让小组成员产生偷懒的心理，甚至会逃避应完成的工作。③小组成员需要具备社交能力。通常，学生不合作的原因并不是不想合作，而是没有找到相应的合作方法，学生的社交技能不够完善。因此，老师在课堂上不仅应该向学生传授专业知识，还应该教给学生所需的社交技能，让学生具备社交能力，敢于与他们开展合作。④小组应该开展评价工作。为了让开展的小组活动有效，定期开展评估工作非常有必要，小组中的成员不仅需要自我评价，还应该对其他成员进行评价。⑤混合分组。在组成合作学习小组时，应该努力保持小组成员的多样性，使小组合作能产生更多的观点，更全面地完成每次的小组任务。

(3) 合作学习在教学阶段的步骤：①组成学习小组。老师在进行小组成员分配时，应该让不同类型的学生处在同一小组，而不同小组之间学生应水平相当。具体方法如下：根据班级的规模大小、场地设备和相应的学习内容，将学生分成几个不同的合作学习小组，每组的学生数量应该保持在6～8名左右。②确定合作学习小组的学习目标。在体育老师的指导下，小组的所有成员根据本单元的学习主题共同确定学习目标。③选择具体的学习课题。通过教师和学生一起来确定需要学习的课题，只有这样才能全面激发学生的学习兴趣。④认真完成合作学习的任务。在小组组长的组织下，小组成员以学习主题为中心，认真完成自身的任务，履行相应的职责，通过协作完成小组任务。⑤小组之间开展评估工作。教师与小组成员之间、小组与小组之间、小组成员之间应该进行积极交流，通过得到的反馈来评估小组完成情况，以提高大家的学习能力。⑥开展学习效果的评价。从各方面评估并记录小组成员们在合作中的表现，比如合作的技能、产生的合作效果、合作的主观感受等，通过评价发现合作中的优势与不足。

四、体育教学方法的选择与运用

(一) 体育教学方法的选择

体育教学方法很多，如何选择科学、有效、合理的教学方法，是值得研究的问题。因为，教师考虑的方面越多，越全面，在教学过程所取得的效果也会越好和越牢固。

(1) 遵循体育教学规律与原则。选择体育教学方法必须遵循体育教学规律和原则。要根据体育教学特点、体育运动规律以及学生的身心发展规律来选择教学方法。因为，教学方法的选择离不开教学实际。如果说违反了教学规律与原则，第一，影响学生的兴趣性和积极性；第二，影响学生的全面发展；第三，影响教学效果。由此，选择教学方法必须符合教学原则，符合教学目标，符合教材特点，符合学生的学习可能性。

(2) 全面了解体育教学方法。选择体育教学方法，教师应对各种体育教学方法有全面了解。体育教学方法都有各自的特点，不可能有哪一种教学方法是万能的。因此，应在全面了解和掌握体育教学方法的基础上，根据不同的情况、不同的教学内容、不同的学生生理心理情况，从中选择最能发挥效果的教学方法。

(3) 通过比较，从中择优。运用不同的体育教学方法可以实现相同的目标。但是对于实现同一目标，应用哪一种方法更好些，这就需要对相应的教学方法进行比较从中择优。如教学内容是运动技能学习，由于教学内容的性质不同，前者可以选择讲解示范法、练习法、预防和纠正错误法，后者可选择重复练习法、变换练习法、自主练习等方法。所以要通过比较筛选后，选择适用的适宜的方法来完成教学任务。

(二) 体育教学方法的运用

要有目的、有计划、有意识地运用体育教学方法。因为每一堂体育教学课，教学对象不同，教学内容不同，不可能用同一种方法进行教学。因此，为了能够有效地运用好体育教学方法，必须思考几个方面的因素。如教学内容是学习还是巩固，是纠正动作还是锻炼身体素质等，通过分析明确学习内容的要求。根据学习内容来选择体育教学方法，如学习动作技术和技能，一般运用讲解法、示范法、练习法、预防和纠正错误法。又如锻炼身体素质可采用循环练习法、重复练习法等。

综上所述，通过分析、分类，最后确定教学方法。这样就能有的放矢地用好体育教学方法，提高课堂教学效益。为了便于教师选择并运用好教学方法，可对教学内容进行分类，把性能相近的内容编成类，并根据学习内容选择教学方法，以做参考。

第三节 体育教学的重要手段

一、体育教学手段的作用

体育教学手段是体育教学传递信息和情感的媒介物,以及发展体能和运动技能的操作物。体育教学手段与体育教学方法既有联系又有区别,它们都是为达到体育教学目标服务的,但是它们又不是一回事。体育教学手段是为了提高体育教学方法的实效而采用的实物或设备,如直观法采用相应的直观教具(投影图片等),练习法采用相应的练习器具等。在体育教学中,教学手段不是固定的,要合理选用设备和体育器材,创造性地运用各种实物和器材为教学方法的促进和有效服务,它的作用就像道具对戏剧所起到的作用一样。体育教学手段的作用概括起来有以下方面。

(一)沟通信息、调控教学过程

在体育教学过程中,师生往往通过视觉、听觉接收信息,而这些信息通过使用各种体育教学手段才能传出。例如,体育教师运用教学挂图向学生展示教学内容,学生观看后获得信息,然后,学生按照挂图内容进行学习。在体育教学中所使用的场地、器材、设备、工具等,都可以看作体育教学手段,都具有沟通信息的作用。特别是现代信息技术的发展,现代化的教学设备被广大教师运用于教学之中。如多媒体视频、录像等,可以更清晰地记录下每个学生的学习实况,可以随时与教学目标对照,从而调节教与学的活动,实现教学目标。[1]

(二)提高信息接收效果

信息发出后,被对方接收并经转化储存起来的数量,是决定信息效益的重要条件。信息被接受的条件,一方面是信息本身的可收性,即新颖性、刺激性、有效性;另一方面是客体(接收者)的状态,主要指动机、态度、情绪、兴趣、神经系统的兴奋程度等。使用多种体育教学手段,对这两方面都能产生积极的影响。例如,在体育教学中采用视频、录像演示的动作技术图像等,传出的信息色彩鲜明、生动,容易被客体所接收。同时,运用现代的视听手段,所发出的新异刺激,对于活泼、好奇、好学的青少年学生来讲,是一种良性刺激,容易引起兴趣。提高兴奋性,能最大限度地增加信息的接收量,有利于形成清晰的运动表象。

---

[1] 李锋.着眼体育教学技能理论增强体育教学技能训练——评《体育教学技能训练》[J].当代教育科学,2019,(6):2.

(三)加快学习过程

从认识论角度来说,学生学习并掌握体育知识、技术与技能等,总是从感性认识开始的。直观教学手段,如教学挂图、演示教具、模型、视频、设置定向标志物等,有利于学生获得感性认识。通过使用器械帮助学生体会动作,这就是学生本体感觉和触觉等感知动作的过程,从而形成理性认识。从生理学角度而言,第一信号是具体的刺激物,第二信号是信号化的抽象刺激,是信号的信号。在良好的第一信号系统作用发挥的基础上,学生就更容易发挥第二信号系统的作用。因此,第二信号系统活动必须密切和第一信号系统活动结合。它不仅是语言活动的生理学基础,也是人类思维活动的生理学基础,对加快学习掌握体育知识、技术、技能起到重要的作用。

(四)提高体育教学指导水平

在体育教学中,教师通过使用各种教学手段,一方面可以为学生提供高质量的信息,使体育教学真正成为目标明确、指导正确和可控制的过程;另一方面,某些教学手段的运用,可以提高体育教师的教学技巧。例如,体育教师的动作示范一闪而过,无法较长时间地让学生观看。这时通过使用教学展板、挂图、演示教具或放电视录像,使该动作的画面静止不动,可供学生仔细观看。同时,体育教学手段的运用还可以弥补体育教师某些方面的不足。因为,所有的体育教师各人的长处与短处不同,对所教的全部教材内容不可能全部做出正确的动作示范,这时就可以借助相应的教学手段,使学生能够观察到所要学习的动作形象结构。体育教学手段,还可以替代体育教师的一部分工作,使体育教师集中精力指导学生学习,提高指导的效果。

(五)改变枯燥的练习方式

运用体育教学手段,可以改变枯燥的练习方式,有利于激发学生的学习兴趣。如在体育教学中对某个动作的练习,如果多次重复练习,学生往往会产生厌倦心理,而在教学过程中运用多种教学手段,一方面改变了枯燥重复的练习,激发学生的练习兴趣;另一方面,运用多样化的体育教学手段,对丰富课堂教学内容可以起到有效的保证,也是提高课堂教学质量的重要因素。

二、体育教学手段的分类

体育教学手段的分类是一个比较复杂的问题。在体育教学中,教学手段的分类标准较多，可以说至今尚无一个统一的绝对分类的方法。为了教师便于掌握，将教学手段分为以下三类。

(一) 电化教学

电化教学是使用现代化的设备、器材，通过对信息的储存、传输、调节和再现技术所进行的教学，具有再现重复的功能，而且速度可以任意调节，要快则快，要慢则慢，要停则停。它对一些复杂的动作可以放慢速度，使学生更加直观地理解某个动作的全过程，建立完整正确的动作概念。电化教学手段有利于向学生进行体育知识介绍，对动作技术的重点可以多次强化进行演示，便于学生把握动作技术的重点和关键，帮助学生更好地掌握知识、技术与技能。通过电化教学视听工具的显示图像，可以与学生的动作进行对比，及时取得反馈信息，判定正确和错误动作，进行自我矫正和相互矫正错误动作。常用的电化教学手段如下。

（1）幻灯机。这是一种光源和光学镜片等组合成的映象装置。一般都是幻灯片或实物经光源的透射或反射，通过透镜的聚集、成像和放大而放映出来的。一般在体育理论课上采用。

（2）录音机（音响设备）。录音机的作用主要是播放乐曲和录音重播。音乐引入体育教学之中，对烘托体育课气氛，激发学生情趣，陶冶情操起到了积极的作用。一般录音机播放录音磁带（光盘）都在体育课准备部分和结束部分时使用。

（3）电视机。适用于各级各类学校课堂教学。可以围绕国际与国内的一些体育大赛、教学影片等活动，组织学生观摩，有助于向学生进行体育知识的宣传和教育。

（4）录像机。录像机一般与电视机配套使用，通过摄像机，把形象和声音录在磁带上，然后通过电视机显示，也可以直接录电视节目。选择电化教学手段要结合教学实际，根据需要运用，不能盲目追求电化教学手段。

(二) 体育设施与体育器材

体育设施：主要是指体育硬件设施，如篮球架、视听教室（电化教室）等。它是固定的、不可移动的，一般是根据课的教学内容的需要选择。

体育器材设备：运用体育器材丰富教学内容，提高教学质量，如单杠、双杠、体操垫、山羊、跳箱、跳板、球、绳、杠铃等。所有一切体育设备器材都与体育教学手段有着密切的联系，如鱼跃前滚翻运用体操垫子作为手段，将垫子折叠或重叠可以解决鱼跃前滚翻的高度和远度；又如用肋木和云梯器材设备锻炼学生手臂力量。总之，体育器材设备在体育教学中所起作用是至关重要的。

(三) 其他物体工具及徒手练习

其他物体工具是除了体育设施、体育器材设备等以外的设备设施。其他物体工具及徒手练习是具有自制性和创造性的练习手段。

第一，其他物体工具。其他物体工具作为教学手段是指体育器材以外的物体和工具，具有自制性和创造性，一般指自制器材和利用其他物体。自制体育器材，如利用易拉罐打保垒球靶，进行素质练习等，又如用纸做成纸飞机进行挥臂练习等。选择利用其他物体工具，如展板、木块、胶带、粉笔等。总之，要结合生活实际，从生活实际中挖掘。

第二，徒手练习。以徒手作为辅助性手段来提高动作技术技能的质量，如篮球运动中，学生单手高手投篮做徒手压腕和拔指动作，体会投篮手的感觉；做兔跳练习可以体会远撑前滚翻和鱼跃前滚翻的远撑过程。

总之，选择和运用体育教学手段，一要结合教学，加强计划性、目的性；二要根据需要与可能，依据学校的场地、设施、设备、器材选择运用；三要提倡发扬自力更生、艰苦奋斗的精神，改革和创新常规型体育教学手段，为丰富体育教学贡献自己的聪明才智。

三、体育教学手段的要求

(一) 注意正负迁移

在体育动作技术技能学习中，已经形成的动作技术技能，对另一些动作技术技能的形成产生积极或消极的影响，称之为动作技术技能的迁移，如果是积极的影响是正迁移，如果是消极的影响则为负迁移。在学习动作技术技能时，要选择正迁移的练习手段。如正迁移，鱼跃前滚翻手远撑动作，兔跳动作，练习是相互依存作用。又如负迁移，跳高和跳远的助跑起跳动作，最后的踏跳用力方法完全不一样，是相互影响的。因此，学习动作技术技能所选择的教学手段，必须注意迁移的影响，避免学习技术技能相互干扰。

(二) 从实际情况出发

根据学校的实际情况和学生的身心特点选择教学手段。在选择教学手段时，其一，利用学校的体育资源，充分利用场地、设施、设备、器材等丰富体育教学；其二，根据学生的年龄特点，选择适合的体育器材、物体工具为练习手段。因为在体育教学中，不同的体育器材、物体、工具适合于不同的学生，在选择练习手段时，要根据学校、学生而定。

(三) 注意安全性

体育教学离不开体育设施、器材、物体工具。由于体育设施器材等种类繁多,有大型的、中型的、小型的,难免存在安全隐患。因此,选择体育设施、器材等作为教学手段,一定要考虑到它的安全因素,防止体育教学中出现伤害事故。

(四) 有创新性

体育教学方法与手段既有联系,又有区别。从体育教学方法来讲,目前已总结了许多方法,而且,在教学中广泛运用。但是,教学手段在体育教学中是不固定的。教师在教学中采用各种手段,没有固定的模式。因此,体育教学手段需要有创新意识,它是教师自我发展的重要条件。如果说教师要在专业上有所发展,必须在教学手段上有所创新,充分利用体育设施、器材、物体、工具等为教学服务,丰富体育课堂,提高课堂效率。

(五) 符合体育教学原则

教学手段符合体育教学原则是体育教学过程客观规律的反映,也是指导教学的基本要求。体育教学原则具有实践性特点,它来源于实践并用来指导实践。体育教学手段要符合教学原则:一是通过手段的运用能够调控教学过程;二是通过教学手段的选择确定练习的量;三是教学手段与教学组织形式应该协调一致,组织形式为教学手段服务,教学手段为教学组织起到保障作用。

(六) 为内容主题、目标服务

在课时计划中所规定的学习内容有其本身的任务,在教学过程中为了保证完成教学目标,所采用的教学手段必然要以完成教学任务为目标,因为每次课的教学内容是由教学计划所确定的。至于教学手段,则可依据内容主题的性质、要求而有所选择。如果对内容主题材的学习认识不清,就可能错用教法和手段,或者抓不住关键,结果影响教学目标的完成。因此,选择教学手段要为内容主题服务,突出教学重点,抓住关键,为教学目标的达成服务。

(七) 符合学生生理要求

教学手段的选择与运用必须符合学生的生理要求。青少年学生处于发育时期。科学安排运动负荷,对促进学生的生长发育起到积极的作用。相反,不科学的运动安排会对学生的生长发育造成不利影响。因此,教学手段的选择与运用,必须符合学生的生理要求。这样才能对学生的体质健康起到促进作用。

体育教学手段主要包括人体内部感官视角手段和人体外部视角手段。其中,人体内部感官视角手段包括学生视觉手段、学生听觉手段、学生视听觉综合手段、学生触觉手段,人体外部视角手段主要包括运动场地、器材和设备以及运动辅助用具。

四、体育教学手段的运用

(一)"挂图"体育教学手段的运用

直观法的挂图体育教学手段在体育教学中有着非常高的使用率,能够获得较好效果。使用这一体育教学手段能够很好地加深学生对体育动作的直观印象,通过对文字、图片进行直观感知,形成正确的动作表象,促使学生对运动动作的程序、方法、要领、结构有一个清晰的了解,对动作的次序、各个动作的特征以及身体运动的时空关系进行明确,以更好地对动作技术进行学习与掌握。

在体育教学中,活动空间较大,相互干扰因素较多,且学生活泼好动、注意力不易集中,因此教师需要多次讲解,反复强调动作要领与方法、游戏规则与做法、安全保护与帮助等。有时候,对于教师的讲解与教学意图,学生很难理解,甚至会造成教师越讲越复杂、学生越听越糊涂的尴尬局面,这就会浪费很多时间。在这个时候,教师就可以在黑板上画好动作技术的简化图、组织教学的路线图、场地器材的运用图,并且对学生边讲边演,这样便可以做到一目了然。对于其中存在的一些疑问,学生也能够进行交流。随着教师讲解和示范有效性的不断增强,学生在听讲和学习的效率方面也会就得到相应提高。

(二)"多媒体"体育教学手段的运用

社会的高速发展推动科技的不断进步,多媒体技术更是受到社会各界的欢迎。种类丰富的教学软件也开始出现在学校教育中,让体育教学的效率更高,过程也更简单和便捷。就学校教育当前的形势看,语文、数学、英语和化学是使用多媒体教学最多的学科。比较传统的看法是体育课并不会与多媒体教学产生关联。可以说,多媒体教学并不与体育课相匹配。确实,相比于室内课程,体育课一般都是在室外进行教学,而多媒体教学一般都适用于室内,与体育课的特点并不相符。此外,体育课的操作性大于理论性,属于操作性学科,要进行非常多的身体练习,因此,很多人都不赞同将多媒体教学运用在体育课中。

体育学科具备的特点让多媒体教学无法运用在体育课中。体育课的操作性较强,学生无法只依靠视觉就熟练掌握所学的运动技能。但体育课中始终避免使用多媒体教学也是不可取的，这种做法非常不理智。即使不能将所学的运动技术先由多媒体在教室中播放，再到操场中实际操练，但教师可以通过笔记本电脑按照学生需求在短时间内播放相关视频。因此，体育课的教学过程中也可以根据实际情况使用多媒体教学手段。节拍器、收录机、播音机和手鼓等传统的教学手段已经被多媒体教学手段所取代，多媒体教学可以为学生同时提供视觉和听觉上的内容，已经得到了体育教学的认可，发展前景广阔。

(三)"学习卡片"体育教学手段的运用

学生可以通过学习卡片对所学的运动技术有更充分的了解，并可以熟练掌握动作要领。学习卡片是一种带有辅助性质的教学材料，设计主要依据课程教学中的重点和目标。学习卡片与教材并不相同，这种学习材料是临时的，并且可以使用在课堂教学中。虽然学习卡片和挂图都具备直观性，在原理上基本相同，但两者并不是没有差异。学习卡片更加便于携带，方便学生使用，卡片的内容又各有不同，非常丰富多彩，很容易对学生产生吸引力。但携带学习卡片并不方便运动，很多学生也会将其到处扔，非常容易忘记放置的地点。因此，学习卡片和挂图都是既有缺点，又有优点，学生可以根据自身不同的需求来选择适合自己的材料。

(四)"场地设备"体育教学手段的运用

学校对场地设备这些硬件设施通常都有较高的投入，体育教学所开展的各项活动也离不开这些场地设备。但例如跳高和单双杠这些存在较大安全隐患的内容并没有人愿意教，让很多器材都摆放在那里而并没有人使用，造成教学资源的极大浪费。体育教师应在体育教学或锻炼的过程中充分利用这些器材，让这些教学资源得到合理利用，并发挥出它们最大的价值。

第四节　体育教学的评价

体育教学评价是一种常见的教学评价，也是教育行业的一种评价活动。它具有评价标准，可以通过科学的方法对体育教学进行评价。在这个评价体系里，有评价主体和客体。完成教育活动的社会力量组成了评价的主体，比如学校的领导和教育部门等；教育面向的对象是教学评价的客体，比如教学活动的对象、学生等。所以，要先搞清楚评价主体的需求，就是明白在体育教学活动中该培养什么样的人，完成什么样的教学目标，这样才能够做好体育教学评价活动。除此之外，体育教学评价活动还要掌握客体的要求，需要知道该向学生教授怎样的体育知识，培养学生哪些体育能力，完善好学生的价值取向等等。最后，还要教授学生科学锻炼的方法，建立一个合适的主体和客体之间的关系网。

一、体育教学评价的特征

传统体育教学评价中，教师是唯一的评价主体，把学生考试成绩作为评价学生是否为高素质人才的唯一标准，忽视了学生综合素质的培养和个性发展。体育改革新课程标准将进一步完善、丰富体育教学评价体系，更关注学生身心健康和综合素养的全方面发展。所以，适应新课标改革的要求，统筹兼顾学生的学习成绩和客观、科学的体育教学评价体系，转变传统体育教学评价观念，成为体育课堂教学寻求的新的发展方向。20世纪30年代，美国教育家泰勒提出了以教育目标为核心的教育评价原理，将教育评价与教育测量区分开，为现代体育教学评价提供了理论依据和方法指导。

第一，体育教学评价必须依据一定的评价标准。所谓的评价标准，是指评价主体衡量客体有无价值及价值大小的尺度或依据，而这个尺度或依据就是价值主体的需要。在体育教学中，评价的主体是多元的，其中包括教学系统中的政府官员、教师、学生以及教学系统外的专家、学者及家长。所以评价主体与价值主体并不总是一致的，在制定评价标准的时候，应把握三点：①正确把握教育价值主体的需要，也就是说体育教学评价的标准要同时体现学生发展的需要及社会发展的需要；②把学生发展与社会发展的目前需要与长远需要结合起来；③从价值主体的多种需要中选拔出优势需要，才能最终制定出符合主体需要的评价标准。传统的体育教学评价只注重评价主体的需求，从而忽视了学生自身价值的需求；只重视长远的社会需求，忽视了学生目前的兴趣需求和心理需要，因此只有正确把握体育教学评价标准才能更好地完善现今的体育教学评价体系。

第二，体育教学评价必须要有事实判断。首先要对教育体系中的客体及相关因素作出事实判断，然后再对教学评价作出价值判断。教学评价需要收集各种资料，其中也包含体育教学中的很多要素。在对这些资料进行评价时，要使用科学的方法来收集评价信息，过滤掉错误信息并且提炼出准确信息，这样才会得到准确的评价结论。

第三，判断体育教学评价的本质。在进行教学评价时，一定要了解主体的需要，主体是否对教育活动有价值以及有何价值，然后再做出评判。主体的需要能否推动国家的发展和社会进步、能否促进学生身心健康是评判的标准。体育教学评价不能忽视学生和社会的需求，两者都要考虑到，否则进行教学评价活动将没有意义。

总之，体育教学评价离不开体育教学目标，因为它是体育教学评价的依据。在体育教学评价活动中，要制定科学的准则，通过有效技术手段对体育教学活动的过程及其结果进行评判。体育教学评价包括评价体育教师的教授水平以及学生体育学习情况两个方面。

二、体育教学评价功能与原则

（一）体育教学评价功能

体育教学评价是根据体育教学目标，对体育教学活动的过程、教学结果进行客观衡量和科学判断的系统过程。它具有以下功能。

1. 诊断功能

首先应了解诊断功能，它用来分析体育教学结果及其成因。通过诊断功能可以更清楚地了解到体育教学的状况，发现教学的各种问题。体育教师可以通过体育教学评价活动来判断教学质量，并了解学生对体育教学知识掌握程度，以及体育运动技巧的不足，体育教师可以根据这些不足之处制订更好的教学方案。全面的体育教学评价有许多好处，比如可以估计体育教学目标的完成程度，还可以找出体育教学效果不好的原因，就像体检一样找出存在的问题，并为提高体育教学质量提供反馈。当评价体育教学设计的方案时，通过诊断功能可以判断方案是否合格，从而再决定是否改进等。

2. 调控功能

在体育教学评价活动中，通常需要调整教学内容和教学形式，这需要体育教学评价结果来提供反馈信息。体育教学可以修改教学方案，改变教学方法；同时，学生也可以调整学习策略，改变学习态度，树立正确的学习观念。利用体育教学评价平台，可以随时调整体育教学活动，达到最好的教学效果，尽量完成教学目标。

3. 导向功能

体育教学评价的不同标准会产生不同结果，评价标准对评价结果起着导向作用。学生学习的内容和方法会受外界因素影响，比如受到体育评价的内容和标准的影响。相同的体育教学评价标准也会影响到体育教师的教学目标和教学内容。体育教学的改进和调整会受评价结果影响，正确的方案需要在体育教学中体现出来；错误的方案则需要在体育教学中改进和调整。

4. 激励功能

正确的体育教学评价可以提高教师的教学积极性，从而激励学生学习体育知识。体育教学评价也可以用来监督体育教学活动，激励教师努力教学、学生认真学习。体育教学评价还能反映出体育教学活动效果和学生的学习情况，对教师和学生都有着激励作用，能够提高学生的学习动力和教师的教学热情。好的评价可以给教师和学生精神上的鼓励，激发教师和学生向更好的方向努力；较差的评价也会让学生反思，让老师努力改进。

(二) 体育教学评价原则

体育教学评价是一种以教学目标为标准，系统测量学生和教师并进行价值和优缺点评定，以求改进的过程，它直接作用于教学活动的各个方面，是加强师资队伍建设、推动教学改革的重要手段。体育教学评价原则是体育教学评价活动中必备的准则，是衡量体育教学活动是否优质、高效的标准之一。同时，事物处于长期的变化发展中，体育教学评价的基本原则也要遵循变化的原理，根据不同阶段的实际情况，调整原则，以保证更好地发挥思想指导作用，这些体育教学评价的基本原则主要包括以下几个方面。

1. 科学性原则

科学性原则是指决策活动必须在决策科学理论的指导下，遵循科学决策的程序，运用科学思维方法来进行决策的决策行为准则，它相对于经验主义而存在，是在体育教学评价过程中起关键作用的原则。换个角度来讨论科学性原则的重要意义，如果在体育教学评价中，过多地参考教师的个人情感倾向或经验之谈，就会陷入体育教学评价的主观性中，失去对学生、教学过程与结果、教学问题与反思等评价内容的客观性。所以，在贯彻科学性原则的同时，就要求评价对象具备以下几个条件。

首先，科学的态度。即要在保证公平、公开、公平的原则下，开展体育教学评价活动；

其次，科学的体系。即要建立健全的体育教学评价体系，全方面、多角度对体育教学做出科学评价；

最后，科学的方法。即要采用科学合理的评价方法，确保体育教学评价结果的准确性和可靠性。

2. 全面性原则

体育教学活动是按照一定的教学目标与教学计划，结合课程标准进行的有目的和有组织的教育过程。在体育教学评价过程中，全面性原则体现在要利用发展的观点进行评价，既要评价教师的"教"，又要评价学生的"学"；既要看到体育教学质量的结果，又要统筹兼顾构成整个体育教学过程的各个重要部分，以点及面，全方位、多维度地评价整个体育教学过程，从而做出准确、有理有据的全面结论。所以，在评价体育教学过程中，要求评价对象重点考虑以下几个重点。

首先，评价指标体系的全面性。即要综合考虑被评价对象的各个方面，然后制定统一、完善的评价指标体系。

其次，兼顾主次矛盾的全面性。在事物发展变化中，起主要作用的是主要矛盾，所以要发现影响体育教学评价的主要因素，着重解决主要矛盾，同时兼顾次要矛盾的影响。

最后，教学评价效果的全面性。即在进行体育教学评价过程中，将定性评价与定量评价有机结合，使之相辅相成，确保体育教学效果评价的全面性。

3. 客观性原则

客观性原则，又叫真实性原则，以实际发生的事实或者实际存在的数据资料为依据，对体育教学的过程、质量和结果进行的非主观臆断式的评价，它是体育教学评价的基本要求，也是体育教学评价活动开展的重要准则。体育教学是一个以教师的"教"和学生的"学"相辅相成、相互促进为内容的双向过程，传统教学往往以教师的意见和学生的应试成绩作为评价学生的主要标准，通常会造成评价缺少客观性，陷入主观臆断或主观猜想的误区，最终由于错误信息的误导使体育教学评价的结论有失公允。所以，在贯彻客观性原则的同时，就要求评价对象做到以下几点。

首先，客观的评价标准。即不带有随意性的标准，经过与具体实践相结合，并经过实践多次检验后制定出统一、公正的评价标准。

其次，客观的评价方法。即不带有偶然性的方法，经过多次、反复试验之后，制定出客观的评价方法。

最后，客观的评价态度。即不掺杂主观倾向和情感，保证评价的客观。

4. 激励性原则

激励性原则是在充分把握被评价对象的心理和实际情况的前提下，通过激励政策和激励奖品，鼓励被评价对象养成健康、良好的学习习惯和教学习惯的过程，它是体育教学评价不断取得完善和进步的动力。在实际体育教学评价中，贯彻激励性原则，就要做到以下两点。

第一，确保体育教学评价过程、结果的公正性，让被评价对象受到平等对待是激励性原则的前提；

第二，确保体育教学评价过程与被评价对象的实际情况有机结合，只有做到实事求是，尊重被评价对象的个体差异和个性化发展，才能使被评价对象乐于接受结果，并采纳意见进行改正。

5. 一致性原则

一致性原则有两方面的含义，第一是指体育教学的目标一致，第二是同一范围内，对相同被评价对象的评价标准一致，任何具体的体育教学评价工作都必须在这个原则基础上达成，否则体育教学评价工作都将失去意义。而只有落实了一致性原则，不因教学环境、师资水平、学生水平等客观原因的不同而改变目标和标准，才能明确区分被评价对象的个体差异，从而"对症下药"，提升体育教学的整体质量。

6. 可行性原则

可行性是指评价的指标体系及方法技术要尽可能简便易行，教学评价程序要便于实施和操作。所以，在体育教学评价过程中，符合可行性原则，就是要做到以下要求三点。

首先，简便易行的科学评价方法，既便于教师的"教"，学校的监督和管理，又便于师生的自我监督和管理。

其次，合理清晰的评价基础和评价等级。

最后，从实际出发的评价指标，综合反映体育教学的客观规律。

三、体育教学评价分类与指标体系

（一）体育教学评价分类

1. 按评价基准不同进行分类

相对评价、绝对评价和自身评价是教学评价的三种方法，具体内容如下。

（1）相对评价。简单来讲，相对评价就是在一群被评价对象中建立一个标准，然后用这个标准来衡量各个评价对象，从而判断这些研究对象的相对优劣。相对评价通常把研究对象的平均水平作为评价标准，以研究对象在这个群体中所处的位置来判断。对体育学习成绩的判定,一般把学生们的平均水平作为标准,基于学生个人成绩在所有学生中所处的位置来判断。比如,体育教学中常见的体育锻炼达标情况和体质评价等均为相对评价。

相对评价既有优点也有缺点。优点是适用范围广泛、辨别能力强,不管研究对象平均水平如何,都可以比较出优劣。缺点是评价标准会随着研究对象的不同而发生变化,这样会使评价结果偏离体育教学目标。

(2)绝对评价。绝对评价是按照体育教学制定的目标来对教学方案的设计和教学成果所做的评价。这个评价标准不受被评价对象影响,能够将评价对象和这个标准进行对比,然后判断优劣。

绝对评价既有优点也有缺点。优点是评价的标准不受外在因素影响,相对来说评价比较客观,每个学生都可以看到自己和标准的差距,从而尽力去弥补自己的不足之处。除此之外,教学管理部门也可以看出各个体育项目的达标情况,从而确定日后工作重心。然而,缺点是评判者的主观意志会影响评判标准。

(3)自身评价。自身评价是被评价者对自己的过去、现在或不同侧面做比较,对比发现自己是否有进步。自身评价的优点是了解个性的不同,通过对研究对象各个方面的发展情况做出比较。缺点是被评价者没有与相同条件的其他被评价对象进行对比,因此很难判断出被评价者的真实水平。总之,在体育教学实践中要把自身评价和相对评价结合使用。

2. 按评价功能进行分类

(1)诊断性评价。诊断性评价通常是指在开展某些体育教学活动前,对学生的基础知识和智力等进行摸底测试,从而了解学生的真实水平。经过了解学生的状况,教师可以制订好教学计划。这里的"诊断"不仅指发现学生的不足之处,也是指要发掘学生的优点和特别之处。诊断性评价的目的是根据不同学生的学习风格来制订出更好的体育教学方案,使教学效果最大化。

(2)形成性评价。形成性评价是指,为了让体育教学发挥最好的效果而在体育教学活动中不断地进行评价。形成性评价有利于教师了解自己的教学结果,制订出更好的教学方案。体育教学活动最主要的评价是形成性评价。比如,在体育教学活动中进行教学方案的评价,通过使用形成性评价来不断地修改设计方案从而达到最优。除此之外,形成性评价还有利于提高教学质量。

(3)总结性评价。总结性评价一般指在完成体育教学活动后,为了抓住教学活动的最后效果而进行的评价。比如说期末考试等,目的就是检查学生的学习情况是否达到了体育教学目标。总结性评价侧重于教学结果,对整个体育教学方案的有效性进行评价。

3. 按评价内容进行分类

（1）过程评价。在体育教学过程中，对完成体育教学目标的方法和手段进行的评价过程被称为过程评价。该评价主要侧重于使用的方法和手段。比如说在进行体育教学时，可以将游戏方法和竞赛方法进行比较，选出更好的教学方法。过程评价经常在体育教学过程或体育教学设计过程中进行，不仅要完成形成性评价还要修改形成性评价，也可以在体育教学活动中对时间和费用等方面进行总结性评价。

（2）结果评价。结果评价一般是指对体育教学活动实施后的效果评价，例如，体育教学活动中教学方案实施的效果。结果评价趋向于对教学活动进行总结，当然也可以提供形成性评价的信息。

4. 按评价分析方法进行分类

（1）定性评价。定性评价不采用数学的方法，而是根据评价者对评价对象平时的表现、现实和状态或文献资料进行观察和分析，直接对评价对象做出定性结论的价值判断，比如：评出等级、写出评语等。定性评价是利用专家的知识、经验和判断，通过记名表决进行评审和比较的评价方法，强调观察与分析、归纳与描述。

（2）定量评价。定量评价以得到大量有效、安全的数据为目的，强调数量计算，以教育测量为基础，简单地说就是日常的测试得分。它在一定程度上满足了以选拔、甄别为主要目的教育需求，具有客观化、标准化、精确化、量化、简便化等鲜明的特征。《国家学生体质健康标准》对各类体育教学项目规定的合格标准、优秀标准等都是定量评价的具体体现。

传统体育教学只关注体能和技能等智力性因素，新课标则在关注体能和技能的同时，更关注学生综合素质的培养，比如学生的学习态度、成长空间等非智力性因素。智力性因素可以通过成绩考核、随堂检测等形式进行定量考核，但非智力因素不能被量化，只能通过教师对学生的日常表现来定性评价。所以说，定量评价和定性评价本身并不矛盾，都是体育教学评价的重要方法，二者相互配合、相辅相成，盲目地把二者割裂开来，只注重学生成绩，忽视素质养成，或只关注素质养成，忽视学生成绩提高，都是片面的。

定性评价对鼓励学生积极性有重要意义，定量评价则过分依赖纸张测验形式。二者各有所长，也各有所短，在实际体育教学评价过程中，要根据教学目标和教学计划，以及教学实际情况适当选择和取舍评价方法。

(二)体育教学评价的指标体系

任何学科都需要对其教学效果进行评价,以进一步提高教学质量和水平。课堂教学评价是教师教学效果评价的一个重要环节,为了更加客观和科学地分析和评价教学效果,必须建立课堂教学评价指标体系,客观有效地反映课堂教学效果。体育作为各地教育阶段的重要学科之一,其教学评价体系是开展体育教学评价工作的基础和依据。在建立体育教学评价指标体系的过程中,要保证客观性,并与学科实际相符合。具体而言,体育教学评价体系是对体育教学质量要求的具体规定。体育教学评价指标要具体化,确定指标时要进行科学、合理的分析和研究,确保指标体系能够发挥最大效用。

1. 体育教学评价指标体系框架

体育教学评价指标体系由反映评价对象内涵的指标及其评价标准和量化符号构成,其主体框架是指标。"评价对象"与"指标"是相对而言的,"一级指标"既是说明"评价对象"的指标,也可被看作"二级指标"的评价对象;"二级指标"也可成为"三级指标"的评价对象。在指标体系中,指标是由抽象、概括变得逐渐具体、独特。

2. 体育教学评价的具体指标

进行体育教学评价必须有一个比较公认的指标。体育教学设计的成果主要体现在体育课堂教学方案和媒体教学材料之中,而制约体育课堂教学效果的基本因素大致包括体育教学目标、学生、体育教师、体育教材、体育方法和管理等。

(1)与体育教学目标因素有关的指标。指标一般分为认知、情感和技能三个方面。认知领域可分为四个层次:识记、理解、运用、综合;情感领域可分为四个层次:接受、反应、价值化、性格化;动作技能领域可分为三个层次:知道、学会、熟练。

(2)与学生因素有关的指标。

第一,从表情上分析学生对体育教学内容难度和速度的适应性。例如:与体育教师讲解速度同步;与体育教师讲解速度不能同步,嫌快嫌慢;对体育内容感到费解等。这些情况在全班学生中各有多少人,所占比例如何。

第二,从课堂提问中分析学生对体育教学内容的理解程度。例如:学生对所提问题的最初反应是热烈、高兴、很快举手,还是不太主动但做了思考,或是不理会、回避甚至恐惧;学生回答问题时的反应是思路敏捷、叙述流畅、答案正确,还是表达了思想但答案不完全正确,或是思路不畅、叙述不清、回答错误。这些情况在全班学生中各有多少人,所占比例如何。

第三,从课堂秩序上分析学生对体育学习的注意或投入程度。例如:学生是积极主动地围绕体育教师的讲解和提问进行思考,在良好的秩序下互相讨论,还是虽然气氛平静,但注意力不完全和讲授同步,或是不太安静,有各种各样注意力涣散表现。

(3) 与体育教师因素有关的指标。

首先,体育教师自身需要具备的各方面能力。体育教师是体育教学过程中的主导者,良好的课堂教学要求体育教师自身具备一定的知识和体育技能,以及一定的专业能力。在此基础上,体育教师要具备基本的判断能力,能够从体育教材中提炼学生需要掌握的重点,将教材中的知识传递给学生。此外,为了让学生更好地掌握知识,体育教师要有较强的逻辑思维能力,在教授知识和技能的过程中要根据学生的各方面特点和课程内容进行灵活性教学,面对突发状况要进行及时的调整。除此之外,体育教师要具备一定的课堂控制能力,要减少外部与内部因素对教学过程的影响,让学生自觉遵守课堂纪律;作为教师,教学技能是必须具备的,体育教师也是如此,书面表达技能、体育教学设计技能、口语表达技能等是教学的基础技能,同时还需要根据时代的发展变化不断学习新的技能。

其次,教师的个人性格、个性特征。体育教师自身的性格特点会对学生产生潜移默化的影响,因此,作为教师必须具备良好的心理品质。

最后,体育教师的个人外在表现和行为。体育教师的仪表仪容、行为举止也会对教学氛围有一定的影响,也会影响课堂教学的效果。

(4) 体育教学所采用的方法,以及相关指标。体育教学也有其独特的教学模式和方法,体育教师会根据学生的特点和教学内容进行教学设计,选择合适的教学方法进行教学。教学方法的选择也应立足于受教育者,根据他们的特点进行选择,同时,所选取的教学方法要符合大部分学生的兴趣,激发学生学习的积极性和主动性。学习知识要求学生进行理解性记忆,教师应通过细致的讲解,让学生深入学习知识内容,并获得较大满足感。

(5) 除了上述因素外,体育教材也是一种因素相关指标。体育教材根据学生不同学习阶段进行了科学的设计,形成了一定的体系。这一体系在分析研究学生实际水平的基础上,对体育教材体系与体育教学目标之间的关系进行了判断,判断二者是否互相符合。体育教材的选择也应注重培养学生的逻辑思维能力,考虑实用价值,并根据学生的兴趣和学科本身的特点,对体育教材要进行精选,尽量做到条理清晰、层次分明,能贯穿所学到的体育知识。

(三) 体育教学评价标准的表达方式

1. 评语式标准

常用的评语式标准是将末级指标按内涵分解成若干因素，每个因素都以评语式的语言叙述标准。它有多种形式，可归纳为以下三种。

（1）分等评语式标准。采用分等评语式标准是指对每个末级指标列出各等级标准。如下面是某体育教师体育教学质量评价指标体系中的分等评语式标准。

优：内容准确，适量适度，重点突出，难点分散，渗透思想教育。
良：知识准确，适量，体现重点、难点。
一般：知识比较准确，有重点，有详细。
差：传授有误，重点难点模糊，内容组织不合理。

（2）期望评语式标准。期望评语式标准是对体育教学评价指标体系的每项末级指标都以期望的最理想的要求拟定相应的标准，因此这种标准只给出最高等级的标准，其他等级的标准只能根据最高等级的标准推及，其分寸较难把握。

（3）积分评语式标准。积分评语式标准是把末级指标分解成若干要素（以评语的形式编写），给每个要素赋值，每个评价对象在各要素上得分之和便是其总评分。

2. 隶属度式标准

隶属度函数是模糊控制的应用基础，正确构建隶属度函数也是用好模糊控制的关键之一。隶属度函数的确定过程在本质上应是客观的，但是，由于每个人对于同一个模糊概念的认识理解有所不同，所以隶属度函数的确定也具有一定的主观性。目前，隶属度函数的确立还没有一套成熟有效的方法，大多数系统的确立方法还停留在经验和实验的基础上。隶属度式标准以隶属度函数为标度的评价标准，运用模糊集合的概念和区间赋值。划分等级的隶属度范围，等级层次较为明显。

在课程改革实施过程中，评价是重要环节，也是难点。课堂教学具有多因素、多层次、多开端的特点，由于人们的认识水平、参照标准及教育教学理论素养的差异，学校课堂教学质量的评价也难以达成绝对的共识。所以，对课堂教学做出较为科学的评价，必须采用科学、合理的评价体系。在评价体系中，评价指标是在确定评价问题及评价对象后确定的，用于描述其基本情况的载体。评价标准是评价指标实现程度的衡量尺度，没有标准就无法对体育教学目标的实现程度进行价值判断。

3. 量化符号

量化符号一般有权数和分数两类。这两类数值是用来反映某一个体在整体中的相对地位。权数常用小数形式，一般把同一级指标群集视为一个整体，整体权数总值为1。此外还有其他形式，如百分数等。分数包括指标赋分和等级赋分两种。同一级指标赋分，满分值为100分。等级赋值可使用达到度，如A，B，C，D四等的达到度分别为0.95，0.85，0.75，0.65。在体育教学评价指标体系中，既可以单独使用其中的一类，也可以将这两类数值结合使用。对指标、评价标准、量化符号等内部元素的分析，使人们认清了体育教学评价指标体系的横向关系，即指标体系的同一级指标群中，各类指标间的关系，各项指标的权数或分数间的关系，末级指标的各类评价标准间的关系等，加深了对评价指标体系内部结构的认识。

(四) 体育教学评价指标体系构建应注意的问题

体育教学评价过程中，既要考虑到教学过程的可靠性，又要兼顾教学效果达到教学目标的程度，即信度和效度。只有统筹兼顾，把握好体育教学评价的两个"度"原则，才能让体育教学评价更好地适应教育和社会发展的需要。

1. 信度

体育教学评价中的信度也称可靠度，是测验经过多次测量所得到结果的一致性程度，以及一次测量所得结果的准确性程度。信度系数越高，说明可靠性越高。以评价操作方式和误差来源不同为划分标准，可以从重评信度、评价者信度和事实信度三个维度来理解体育教学评价中的信度概念。

第一，重评信度。

用同一种体育测评方法对同一对象多次评价，从而得到可靠性结果和一致性程度，将其定义为重评信度。短时间内，用同一种体育测评方法对同一对象进行两次或两次以上的不同评价结果，结果越相近，则重评信度就越高，反之越低。

第二，评价者信度。

不同评价者运用同一套体育测评方法对同一对象进行的评价从而得出的一致性程度，将其定义为评价者信度。短时间内，运用同一测评方法对同一对象进行不同评价者的评价，得到的一致性程度越高，则评价者信度越高。

第三，事实信度。

同一评价者同时运用两种或多种体育教学测评方法对同一对象进行可靠性测评，将其定义为事实信度。事实信度受到多种因素的影响，具体说来，主要包括以下几点。

①两种或多种体育教学测评方法是否公正、客观；

②两种或多种体育教学测评方法是否独立存在、互不干扰；

③评价过程中是否掺杂评价者的个人情感倾向和价值观倾向。

一般来说，事实测评的一致性程度越高，则说明得到的数据和资料的真实性越高，信度越高；反之，如果同一评价者运用两种或多种体育教学测评方法对同一对象同时进行的测评得到的一致性程度越低，则信度就越低。

2. 效度

体育教学评价指标体系的效度是评价指标、评价标准、评价的量化符合设计的准确性和代表性。它要考察的是评价的结果合乎预期目标的有效程度，有效程度越高，则效度越高，说明评价指标体系的各种元素的设置的准确性、代表性越高，使评价工作更有效；相反，有效程度越低，则效度越低或无效度可言，说明指标体系缺乏代表性，从而使体育教学评价工作成为无效的劳动。

在实践中，如果体育教学评价指标体系中指标的设置不合理，如指标权数分配或赋分不合理、评价标准不科学、等级赋分不恰当等，都会降低体育教学评价指标体系的效度。效度一般分为内容效度和效标关联效度。

（1）内容效度。课堂教学评价的着眼点是"教学效果"，即学生参与学习的状态和目标达成的效果。有效的教学应是学生积极主动参与学习，通过探究活动和合作交流，使学生实现意义建构，形成对知识的真正理解，并产生积极的情感体验。课堂教学评价体系的建立是一个复杂的系统工程，要想编制出一套较为全面、客观、科学的课堂教学评价方案，设计出一系列可测、可比的指标体系，就必须满足内容效度的要求。内容效度把评价目标的全部内涵作为一个整体，将教学评价指标体系作为样本，该样本能代表样本总体程度。

（2）效标关联效度。效标关联效度与内容效度不同，当教学评价结果与另一项教学评价结果对比时，需要找出两项结果之间的关联程度时，便需要效标关联效度。它主要是用于评价某一评价效度的高低。

四、体育教师教学评价内容与学生的评价

(一) 体育教师教学评价内容

对体育教师进行教学评价是促进体育教师提高专业素养和体育与健康课程教学质量的重要手段，也是现代化素质教育的重要要求。对体育教师教学进行客观评价

并不意味着要将教师进行"三、六、九等"式划分,也不以为不同教学质量的教师进行评级为目的,而是通过科学、有效、可信的体育教学评价体系,了解体育教师的教学情况。为改进教学工作,提高教学质量,实现教学目标提供更为准确的信息,实现"以评促教、以评促改、以评促建"的目的。通常来说,对体育教师教学评价主要可以从两个方面进行考察。

第一,体育教学工作量评价。即教师的备课质量、授课质量,是否定时、定量组织学生进行体能训练等;

第二,体育教学成绩评价。即学生的考试成绩、教师自身的科研成绩等。

课堂教学是体育教学中普遍使用的一种手段,是教师给学生传授知识和技能的全过程,大部分教学内容都将在课堂教学活动中完成。所以,课堂教学质量直接关系着学生的成绩的提高和素质的养成,更是体育教学评价能否取得预期效果的关键环节。因此,对课堂教学主体教师进行教学内容评价至关重要。

1. 体育教师工作评价方案的内容

体育教师工作评价方案主要包括三个指标——教育教学基本指标、激励指标、制约指标,制定体育教师评价的三个指标需要考虑以下几方面内容:思想政治表现、课外体育活动、学校体育课堂教学、校内外体育竞赛、体育科研等。

"教育大计,教师为本;教师素质,师德为先"。教师的道德修养是培养高素质、创新型人才的重要保证,是关系到教师团队整体质量和教学质量的重要内容。体育教学是培养全方面、综合型人才的重要课程,体育教师的课前准备、课中授课及课后反馈都与学生的素质培养息息相关,是否具备良好的思想政治修养直接影响体育教师的教学过程和业务水平。

体育教学活动是一项课内教学和课外训练相结合的课程,脱离任何一项都会让体育教学效果大打折扣。课外体育活动的设置主要包括:课外体育活动计划的制订、体育教师的参与度及组织管理等。具体来说,课外体育活动计划的制订与体育教师的科研能力、组织管理能力有着不可分割的联系。

广义上的激励指标是体育教师在学习或者从业期间荣获的各类奖励、证书、荣誉等,以及继续学习经历等内容。制约指标是指违反体育教学规章制度或教学规律,造成了严重的教学负面影响等。

体育课是体育教学的基本形式,也是体育教学评价的重点。其具体内容一般包括以下几个方面。

(1)体育教学思想。主要指体育教师在教学过程中能否坚持"教书育人"的原则,是否有改革创新的精神,是否促进学生的全面发展。

（2）贯彻《体育与健康课程标准》或执行《体育教学大纲》情况评价。课堂教学的教育目标是否符合《体育与健康课程标准》或《体育教学大纲》的要求，教学是否紧紧围绕教学目的进行，是否完成了《体育与健康课程标准》或《体育教学大纲》所规定的教学任务和教学内容，是否有达不到要求的现象。

（3）体育教学内容的评价。体育教学内容是否紧紧围绕教学目标进行安排；是否达到科学性和思想性的统一；是否将思想品德教育寓于教学内容之中；是否科学安排运动负荷；教学组织是否合理。

（4）体育教学方法和教学手段的评价。体育教师能否依据教学的具体任务和内容特点，有针对性地选择教学方法；教学方法和教学手段的选择是否符合学生的身心特点，是否有利于激发学生的学习兴趣和学习动机；教学方法是否具有启发性，是否有利于培养学生的独立思考、分析问题、解决问题的能力和创新精神；教学手段的运用是否增强直观性，是否有助于提高学生的学习效率。

（5）体育教学技能的评价。讲解语言规范，准确简洁，正确运用术语和口诀，示范动作正确优美；是否能沉着冷静机智地处理课堂突发事件，使教学顺利进行。

（6）体育教学效果的评价。是否很好地完成教学任务；学生是否掌握教学内容，是否充分发挥学生的学习积极性和主动性，是否培养学生勇敢、顽强、竞争、合作等心理品质；是否能激发和保持学生运动的兴趣，促进学生养成体育锻炼的习惯。

2. 体育教师工作评价方案的制订原则

制订学校体育教师工作评价方案应该注重科学性、激励性、灵活性、可操作性，在制订方案时要本着实事求是的态度，尊重广大体育教师的劳动成果，体谅他们的辛苦，奖励创造性。体育教师工作评价应坚持有利于激励广大体育教师不断提高自我修养和个人素质，有利于调动体育教师勤奋工作、教书育人的积极性，有利于改进和提高教育教学工作质量。

学校制订体育教师工作评估办法包括：①科学性，评价方案要符合教育和教学工作规律，符合教师的职业特点和心理特点，制订标准要恰如其分，不能凭主观印象和感情用事，随意推断，也不能以领导意愿为依据。制订评价方案要和国家、省、市县的有关政策法规一致，要以《学校体育工作条例》为准绳，同时根据学校实际情况，还要征求广大教职工的意见，采纳正确的意见和建议，通过学校行政会议研究后，再通过学校教代会通过执行。②激励法，要褒扬在教育教学中辛勤耕耘的广大体育教师。在精神鼓励的同时，根据社会的发展，学校实际情况，不断加大物质鼓励，使取得的劳动成果与劳动报酬趋于合理，体现按劳分配的原则。③可操作性，体育教师工作评估方案在实际执行中要方案公开，评估条款界线要明确，标准要统一，指标要量化，不能使人感到既此又彼，无法适从。④灵活性，由于体育教学在改革中不断发展，因此产生了许多新的问题，在制订体育教师工作评估方案时不可能面面俱到，对在执行中出现的问题，学校领导要认真对待，正确引导，要及时研究制订新的补充细则，要注意前后连贯，条规一致，对事不对人，要与学校工作步调一致，不能顾此失彼。

3. 体育教师工作评估方案的具体步骤

体育学科与其他学科在教学评价方面不同，但体育教学工作评价也是落实学校体育工作的重要依据。教学评价主要针对体育教师工作的评价，通过检查体育教师工作的各个方面，对体育教师一定时期的教学成果进行科学、合理的评估。

（1）首先，学校需要成立专门的体育教学评价小组。成立体育教学评价小组是教学评价的第一步，为了保证教学评价工作的公平、公正。体育教学评价由学校领导作为小组组长，其他教师代表、教务处人员以及体育组相关领导作为小组成员。体育教学评价小组的工作并不是一次性的，需要反复地检查，应重视教学评价工作的筹划，积极给予体育教师相关意见和指导，做好监督工作。

（2）体育教学评价小组在评价前需要对评价内容和方法等有深入和详细的了解，每位教学评价小组成员都要明确具体的评价内容，在确定教学评价方案后，向小组成员公开评价方案和方法。

（3）体育教学评价除了需要确定具体的评价内容和方法外，还要明确教学评价指标，并将教学评价指标按照一定标准进行科学、合理的分类，包括定性指标和定量指标。应根据具体的情况，对定性指标和定量指标进行选择。

（4）在学期末要对教学评价进行综合汇总，体育教学评价小组需要根据之前所有的评价方案对教师教学工作进行综合性的评估，并公布评估结果。

4. 体育教师工作评估方案过程应注意的问题

评估体育教师的工作要在"师德为首，教学为主"的前提下，要公正、客观、准确评价教师涉及的方方面面工作，使其在评价中总结，在总结中提高，因此要注意以下问题。

（1）定性评价与定量评价相结合。评价者要从实际出发，具体问题具体分析，宜定性则定性，宜定量则定量，将两者结合综合运用，真正用素质教育的原则去指导评价工作。

（2）自评与他评相结合。《中华人民共和国教师法》第23条规定："考核应当客观、公正、准确，充分听取教师个人、其他教师以及学生的意见。"科学的评价，则应上下结合，发挥民主，不仅重视领导评价、同级评价，还要组织其他教师与学校参与评价。同时要充分发挥被评者的主体性。只有被评者与主评者相互合作，以实事求是的态度才能保证评价结果的真实性、科学性，充分发挥评价在教学管理中的功能作用。

(3) 评价结果与奖惩相结合。《教师法》第24条规定："教师考核结果是受教育聘任教，晋升工资，实施奖惩的依据。"学校要充分运用评价杠杆，克服分配中的平均主义。按照"按劳取酬，多劳多酬，优劳优酬"的原则，达到奖勤罚懒、奖优罚劣的目的，充分调动教师工作的积极主动性。有效的评价结果是教师竞争上岗的重要依据，也是学校工资再分配的依据。因而可激励教师提高自身素质和履行岗位职责的积极性。同时利用有效的评价结果，可评选出优秀教师，对评选出的优秀教师在晋升职务和工资方面可以优先考虑，充分发挥教师工作业绩评价的功能。

(二) 学生的评价

体育教学评价首先考虑的问题是从教学的基本目标和教学过程中的各种目标出发，对学生的现状及达到目标的程度进行考查。因此，体育教学评价的首要任务之一是对体育教学主体即"学生"的评价，包括以下三个方面。

1. 学力的评价

学力是指获得行为的能力、才能或行为的倾向，即学生学习的能力。学力评价的目的是调查了解学生的体育学习能力状况及个别差异，为完成既定的体育教育、教学目标提供有用的信息资料，为培养学生体育能力服务。

2. 学业的评价

学业的评价是根据《体育教学大纲》所规定的学习目标和学习内容，对学生个体或群体的学习过程和学习成果进行价值判断的活动。体育学业评价应以"育人为本"，注重学生体育素质的全面发展。评价的目的在于了解学生的体育学习情况，发现不足，找出原因，以便改进学习策略和方法，其主要功能在于反馈和激励，而不是甄别和选拔。

体育学业评价的内容包括体育基础知识、身体素质和运动能力、运动技能、学习情感等四个方面，只有将四个方面评价的结果综合为一体，才能形成对学生体育素养的全面有效的评价。具体如下。

(1) 体育基础知识。体育相关的基础理论知识是体育教学的基础，只有在学习和掌握了体育基础知识后，才能有计划、有组织地进行体育锻炼，这有利于保障学生在进行体育活动中的健康。

（2）身体素质和运动能力。体育学科是一项实践锻炼学科，目的是促进学生体育锻炼，提高学生的身体素质，保持身体健康。身体素质的锻炼需要制订科学、合理的锻炼计划，而不是盲目地进行自我锻炼，这需要体育教师给予专业的指导。学生在进行体育锻炼的过程中，能够根据相关的体育知识对自身的运动能力有一定的自我认知。

（3）运动技能。体育锻炼不是简单的运动，每项体育运动都有其自身的规律，按照体育规律进行锻炼能够快速、有效地提高个人运动能力和身体素质，这也是通常所说的运动技能。

（4）学习情感。对于任何学科，学生学习都需要学习的动力，良好的学习兴趣能够激发学生的积极性和主动性，增加学习的动力，学生学习的态度对学习兴趣有很大的影响。在体育学习和锻炼中，学生的情绪、心理变化等因素也会受到影响，能否发现并通过体育锻炼克服心理障碍，是否能够增强自身的信心、改善心理状态，能否在体育运动中感受到运动的乐趣等，都可以成为体育学业评价的内容。

体育学业评价主要针对学生，根据学生对体育活动内容等各方面的认知和行为表现等进行合理的评价。体育学业评价是一种过程性评价，既包括外部评价，即教师的评价、同学之间的评价等，也包括内部的自我评价。从多个方面评价学生的体育学业，在体育学业评价的过程中也对学生的体育运动习惯产生了一定干预。

3.品德与个性评价

除了对学习水平、学习情感、身体素质等进行评价之外，也需要对学生的思想品德和个性特点进行评价。学校是学生主要学习和生活的场所，教师在教学过程中能够对学生有比较全面的了解，通过对学生行为表现等的分析和研究，能够从一定程度上了解学生的品德和个性发展状况。作为一名学生，首先要热爱祖国、热爱党，言行举止要得体，遵守学校和社会纪律，与同学团结互助。在个性发展方面，教师要对学生的个性特点有一定了解，不同学生在个性方面有所差异，但教师培养学生的目标大多是相同的，要从多个方面对学生的品德和个性进行全面的检测与评估。在体育教学中，要体现教学内容的科学性，对体育教学过程中学生的行为表现进行评价。

五、体育教学评价组织与步骤

(一) 体育教学评价组织

体育教学评价是一项有计划、有组织的工作,需要通过体育教学评价组织来实现。这一组织的成立主要是为了完成体育教学评价任务,需要挑选专业的评价人员具体实施教学评价方案,为了保证体育教学评价的科学性,必须慎重选择评价人员,评价人员必须具备较强的专业素养和能力,以及正直、负责、有原则性的优良品质。在评价组织中,评价机构是重要的协调者,应具有一定的稳定性和权威性,主要负责评价工作的组织和领导工作,不同情况下,性质和规模也有所不同。

(二) 体育教学评价步骤

进行体育教学评价一般按以下五个步骤进行。

1. 确定体育教学评价目的

"在一个崇高的目标支持下,不停地工作,即使慢,也一定会获得"。而体育教学评价是一个长期的过程,在各个阶段需要设置不同目标,并以该目标为方向,使体育教学过程向着这个目标发展。同时,确定体育教学评价目的,也是在解决评价原因的问题,它是体育教学评价存在的原因和依据,评价的目的和方向不同,被评价对象和方法也会表现出明显的差异化。以评选优质体育课为例,单纯只参考最后的教学质量数据,或者单纯评价教师的教学质量显然是不全面的,只有同时兼顾教学质量数据、学生的听课质量、教师的教学质量和教学方法、理论与实践的结合程度等因素,才能确保评价选出的优质体育课具有说服力。因此,运用多种方法综合评价体育教学是体育教学评价的重要方法。

2. 成立评价小组或机构

成立体育教学评价小组或机构是为了确保体育教学评价过程和结果的公开性、公正性、透明化,一般由具有权威的专家或者领导组成临时性或长期性的评价小组,针对体育教学过程中的目标达成和问题分析,组织和领导教学质量评价工作。组建体育教学小组或机构的一个前提条件就是要与课程实际构成、参与教学过程的师生规模等要素相结合。

3. 制定体育教学评价标准与指标体系

体育教学评价标准和指标体系是指被评价的因素，建立健全的体育教学评价标准和指标体系在于解决评价什么的问题，它既是评价工作的基础，又是评价工作的核心。探索科学的评价方法，加强对学生素质和能力的考查，促进学生全面、积极地发展，离不开科学化、合理化、时效化的体育教学评价标准和指标体系的监督与管理。在建立过程中，需要遵循逐级分解标准，即确立一级指标，然后将其分解成二级指标，再将二级指标分解成三级指标，以此类推，这样层层递进、逐级细化，才能保证体育教学评价标准和指标体系的统一性和可操作性。

4. 收集体育教学评价信息

在开展教学评价工作前，需要进行信息收集。需要注意的是，评价信息收集不仅要全面，还需要保证评价信息的质量与可靠性。评价信息收集的主要方法包括以下几种。

（1）观察法。观察法是指研究者根据一定研究目的、研究提纲或观察表，通过自身的感官，利用眼睛、耳朵等感觉器官去感知观察对象，或者借助相关的辅助工具进行观察，利用录像机、照相机等仪器作为辅助工具，进而获得信息的一种方法。要想获得准确的信息，必须要保证观察的目的性、计划性、系统性，需要采用科学的观察方法，具体包括核对清单法、级别量表法和记叙性描述。由于人的感觉器官具有一定局限性，观察者往往要借助各种现代化的仪器和手段，如照相机、录音机、显微录像机等来辅助观察。在收集体育教学评价信息的过程中，可以通过收集教师的教学方案、观察学生的行为等收集教学评价信息。

（2）访谈法。是通过访问者和受访者面对面地交谈的方式，了解受访者的心理和行为的心理学基本研究方法。对于不同的研究问题，其性质、目的不同，访谈法也会通过不同的形式呈现。访谈法运用面广，能够简单而叙述地收集多方面的工作分析资料。对于教学评价而言，访谈法是评价者按照访谈提纲，了解评价对象心理状态的访谈方法，包括结构型访谈和非结构型访谈。

（3）问卷法。问卷法是指收集含有一系列问题的调查表资料，来测量人的行为和态度的心理学基本研究方法之一。问卷法具有标准化程度高、收效快的优点，能在短时间内调查很多研究对象，取得大量资料，并对资料进行数量化处理，经济省时。在教学评价中的应用，体现在对评价对象进行书面调查而获取评价信息。

（4）文献资料法。文献资料法是通过查阅文献资料了解、证明所要研究对象的方法。对于体育教学评价而言，文献资料法根据评价内容，通过查阅与体育教学相关的各种文字、数字资料及文献，来收集相关教学评价信息。

（5）测验法。测验法，即心理测验法，是通过采用标准化的心理测验量表或精密的测验仪器，来测量被试者有关的心理品质的研究方法，并根据评价内容编制等级量表，来收集评价信息。测验法用数字对人的心理或行为进行描述，因此数据比较客观。此外，测验法的结果处理十分方便，能够对学生的各方面状况的信息有更加全面的了解。

5. 判断体育教学评价结果

体育教学评价结果是运用体育教学评价体系对被评价对象进行系统、科学、合理的评价后取得的结论，它以搜集到的数据资料为依据，以加工整理后的整合数据为基础，是经过分析后得出的真实结论。然而，得出体育教学评价结果并不是为了进行某种目的划分，而是要有效讨论结果所反映的问题，并制订合理的解决方案，所以一定要注意，体育教学评价结果中除了包括结论性的数据、定义、概论外，还应包括评价者对被评价对象和内容所存在问题的建议和改进措施。具体来说，对评价结果的处理应该包括以下方面。

第一，追踪评价结论和改进措施的落实。由评价者与被评价对象进行面对面沟通、交流评价结果，并针对后期评价结果相对应的改进措施的落地执行进行追踪和反馈；

第二，总结评价结果。对评价结果进行总结、分析和整合，为改进措施的制定提供可靠的数据支持；

第三，撰写总结报告。总结报告是针对本次体育教学评价过程和结果的书面形式表达，具体说来，总结报告包括以下几方面内容。

①体育教学评价的目标、组织、人员构成、指导思想与方法；
②体育教学评价的过程记录、时间节点、阶段性结果和问题；
③体育教学评价的结果、达成情况，反映的问题及依据问题制订的整改方案；
④及时反馈体育教学评价结果，并建档归类。

第四，实时修正改正方案。评价体育教学要坚持落实发展变化的观点，在评价过程中发现评价方案出现与实际情况不相符的情况，或在执行改进方案过程中，发现方案存在误差和缺陷，要及时根据实际情况调整，将误差减小到可控范围。在减小误差的过程中，要做到以下几点。

①综合评价者的多种意见，以便规范评价者的评价行为，使体育教学评价更合理、更全面；
②提高测评工具的信度和效度；

③全面搜集评价资料，以确保体育教学评价的完整性和可靠性；
④控制评价对象的可控行为，使体育教学评价结果更贴近真实情况。

第五节 体育教学中的德育教育渗透

一、体育教学中德育的特征

体育教学中的德育是一个持续不断、按一定顺序发生和发展的变化过程，教育内容极为丰富，是一个由低级到高级，由抽象到具体，由感性到理性，由片面到全面，由简单到复杂的过程，既有顺序性又有阶段性的发展过程。它是在活动中培养学生的德行，因此，具有双重性，即显性和隐性的特征。①

(一) 显性特征

体育教学中德育的显性作用，是通过说教活动实现的。具体表现为：一是提高学生的思想认识，积极参加体育锻炼；二是在体育活动中敢于竞争、勇于合作、不怕困难、吃苦耐劳、互帮互学、关心集体等精神。

在体育教学中学生对于体育锻炼目的是不一致的。有的出于爱好，有的出于需求，有的不想锻炼，因为青少年时期的学生一方面好奇性、进取模仿性强，另一方面，抽象思维能力和自我控制能力较差。因此，通过说教以正面鼓励和激励，明确体育锻炼的目的性，促使学生参加体育锻炼成为一种自我需要，积极主动参与锻炼。同时，在体育活动中，由于体育运动的本质特点，需要吃苦耐劳、不怕困难、敢于竞争、敢于合作、关心集体等精神。因此，在体育教学中进行德育，要充分利用体育的显性特点，结合教学内容，有针对性地进行德育。

(二) 隐性特征

体育德育的隐性特点，与文化教育一样，其效益不是立竿见影的。它是在学生成长过程中逐渐表现出来，需要一个过程。如习惯性行为的养成，意志品质的反映等，都需要有过程。特别是青少年时期，在世界观没有形成之前，要通过体育教学中的德育，逐步树立人生观、道德观、价值观。

---

① 李燕. 现代教育信息技术与体育教学的融合——评《体育教学的信息化教学理论与实践研究》[J]. 中国科技论文，2019，14(10): 15.

二、体育教学中德育的内容

体育课上进行德育的内容是很丰富的,可以归纳为知、情、意、行四个要素。在进行德育的过程中,知、情、意、行是相互联系、相互制约、相互渗透、相互促进的。因此,了解体育教学中的德育内容,第一,是实施素质教育,促进学生全面发展,弘扬民族精神,加强社会主义精神文明建设的重要保证。第二,有利于学生树立和形成正确的世界观、人生观、价值观。第三,有利于培养有理想、有道德、有文化、守纪律的新人。体育课中进行德育的包括以下方面。

第一,学习目的性教育。要明确学习的目的,把体育锻炼与远大理想结合起来,树立责任意识,为将来保卫祖国、建设祖国奠定身体基础。

第二,组织性、纪律性教育。在体育课上,学生要自觉遵守纪律,听从教师的指挥。严格执行课堂常规和体育游戏、体育比赛的各项规则。抑制冲动、偏激行为,成为班级中遵纪守法的一员。

第三,集体主义教育。就是要热爱集体,正确对待个人与集体的关系。特别值得注意的是,目前大多数学生都是独生子女,个性较强。因此,更要培养学生关心集体、关心同学,愿为集体和同学服务的意识;增强集体荣誉感,自觉维护集体利益。

第四,文明道德教育。文明道德教育是德育的重要内容之一。文明行为的内容广泛,涉及人们生活的各个领域,包括日常小事。它是文化修养和精神内涵修养的综合表现。文明行为不只是外部表现,重要的是外部行为反映出的个人内在心灵或性格的特征。因此,文明教育要培养学生的文明习惯。如在学校要尊敬老师,友爱同学,诚实守信;在体育运动中要遵守体育道德;在家庭和公共场所都应遵守文明行为的准则。

第五,意志品质教育。在体育教学中,不同的项目,可锻炼不同的意志品质,培养不同的思想作风。因此,对学生的意志品质教育,要培养勇敢坚强、竞争进取、吃苦耐劳、自尊自强等优良品质。

第六,爱护公物教育。即热爱劳动,爱护体育场地器材。如上课用垫子,在搬垫子时,有的学生不是抬起放下,而是拖垫子等不良行为。此时,要对学生进行讲解,说明体育器材是公物,必须爱护。

第七,社会责任教育。教育学生体育锻炼不仅是为个人,而且是为社会进行锻炼,青少年的体质健康是关系到国家和民族兴旺的大事,健康体质是社会的责任。

第八,辩证唯物主义教育。认识体育,相信科学,尊重科学,进行科学的锻炼。通过体育锻炼掌握科学的锻炼方式和方法,从而促进身体的健康发展。

第九，诚信教育。向学生传授诚信体育知识、技术、技能，培养诚信情感，强化诚信行为，进而提升学生整体素质的过程。体育教学是开放的、以实践为主的教学，无论是学习知识、技能，或者是进行体育比赛等都需要讲究诚信。它是实施素质教育，全面贯彻党的教育方针，提高国民素质的根本宗旨。

从教育的本质看就是育人，因此，体育教学与德育虽然表面上属于不同的教育领域，但是它们是相互补充、相互影响的。体育教学为德育提供了理论实践场所，德育又可以保证体育教学顺利进行。因此，人们要在体育教学过程中不断探索，寻求更佳的德育内容和方法，促进学生的德体共同发展。

三、体育教学中德育的途径

体育教学中的德育内容是较为丰富的，其教育的策略也相应较丰富。因为，它是学生直接参与的一种身心合一性、动态性、即时性、社会性的教育，教育的方式和方法不可以套用公式，必须按照教学实际状况和需要，或是有声有色地开展，或是在润物细无声中进行德育渗透。

(一) 结合常规

课堂常规是保证教学顺利进行，向学生进行思想品德教育的基本途径。课堂常规是指在体育教学过程中学生必须遵守的规范和要求，是向学生进行学习目的、文明礼貌、组织纪律、思想作风、安全卫生等教育的过程，它是课堂教学的法则之一。通过贯彻落实课堂常规，可使学生遵守上课必要的要求，如体育课的着装，上课遵守纪律、听从命令指挥，下课收拾器材等，都是上体育课必须遵守的要求。常规教育是培养学生集体观念的教育，是保证体育教学质量的重要内容之一。一般情况下，在每学期第一节课要强调体育课课堂常规，开学前两周强化训练，加强检查，每隔一段时间要强化，才能促使学生养成良好的运动习惯。

(二) 结合形势

结合形势是指把握信息、了解形势，与国内外重大的时事联系起来，有机地渗透到体育教学之中。具体的做法可以采用宣传教育、创设情景等形式，与课堂教学结合起来。如世博会在中国上海举行，在教学设计时，将世博园的资源引用到体育教学中，也可以通过创设情境（参观世博），与体育教学内容结合起来进行德育渗透。结合形势教育必须注意时效性，而且在运用时要注意有机性，否则，会适得其反。例如，在耐力跑课中，抓住学校地处世博园区的背景，创设了世博会各场馆的学练场景，学生分组合作，以各种跑的方式，有序参观各个场馆，使枯燥的耐力跑生动有趣。学生乐此不疲，在不知不觉中完成了教学任务，并且传承了世博会文明有序参观的良好习惯。

(三) 说服教育

说服教育是以礼相待、以例举证、以谈话方式进行正面教育的形式。说服教育法是体育教学中常用的一种方法。一般情况下，采用说服教育法时，要紧密联系学生的思想实际，根据学生在体育锻炼中所反映出的言行，有的放矢地把握学生的心理和思想上的症结，运用具体事例进行深刻分析，对症下药。说服教育时要亲切，不训斥学生，学生可以畅所欲言、交换思想、互相启发。

(四) 榜样激励法

榜样激励法是以先进事迹和行为进行教育的方式。青少年具有善于模仿、崇拜明星、争强好胜的心理特征。在课堂教学中会常出现好人好事，一些学生在学习中相互帮助。在运用榜样和激励法时，一是要表扬好人好事；二是要激励学生学习好人好事，从小养成良好的行为习惯。例如，在分组越野跑教学中，在分组时就按照学生身体素质、组织能力和团队合作能力，进行合理搭配。强调在越野跑过程中，不管遇到何种情况，都要发挥团队力量，互相帮助，克服困难，共同到达目的地。这样，在活动中，用鲜活的实例，让学生树立心中的榜样，激励学生通过团结合作，互相帮助，共同战胜困难，提高生存能力。这比单纯的说教效果要好。

四、体育教学中德育的原则

(一) 自然性原则

自然性原则就是要根据学生的实际，根据学习内容的实际，有机地进行教育。体育教学任何一项教材和活动安排都有要求和特点，必须符合学生的实际，也就是说要符合学生的年龄特征、生理和心理特征，要符合学生的认知规律和心理发展规律。而不是牵强、专题式地进行教育。因此，自然性教育原则要做到，一是语言简明、深入浅出、学生易懂，提出的要求要切实可行；二是以正面教育和鼓励为主，在无声中渗入。通过自然教育，让学生练得开心、学得活泼、心情舒畅。

(二) 有效性原则

有效性原则是指经过教育后，学生的思想提高了认识，行为上发生了变化。而不是通过教育后学生的思想、行为没有改变。因此，有效性教育，一看通过教育后，学生的学习兴趣、锻炼积极性是否得到提高；二看锻炼效果，通过教育学生是否积极主动地进行思考，知识、技术、技能是否有明显的提高。总之，有效性教育是要通过教学来检验的。不但要看教学过程，而且要看教学结果。

(三) 针对性原则

针对性原则就是不能只讲形式，应该在课中针对学生思想结合教学内容、组织活动等，有针对性地进行教育。因为体育课教学是在动态中进行的，学生在活动中所表现出来的思想、行为等不可能预先得知。进行有针对性的教育，一要符合实际，了解情况；二要针对具体的问题进行教育。如上课纪律问题，通过组织性纪律教育提高学生的认识。因此，针对性原则就是要具体问题具体分析，具体解决。

(四) 以身作则原则

以身作则原则就是体育教师的表率作用，言传身教。教师的一言一行潜移默化地影响着学生的思想和行为。因此，在体育教学中教师要严于律己、大公无私、严谨治学，包括上课的着装要整洁，示范要正确等。通过教师的表率在学生心目中留下印象，使学生树立崇高的情操，激励学生锻炼的积极性，为精神文明建设奠定良好的基础。

第六章　体育教学效率优化与学校德育管理探索

体育是我国素质教育的重要组成部分,对学生身心健康发展、身体素质提升具有独一无二的影响。而学校德育管理是根据一个国家的教育方针,遵循德育自身的规律,对学校德育活动进行规划、组织、协调和控制,以实现德育目标的过程。本章围绕体育教学效率的优化与发展、学校德育管理展开论述。

第一节　体育教学效率的优化与发展

一、体育教学环境及其优化策略

(一) 体育教学环境总体概述

1. 环境与体育教学环境的界定

体育教学环境是一个综合的空间概念,它的出现是人类寻求更好的体育教学效果的需要。为了实现体育教学环境,人们通常会对现有环境进行一些改造。"体育教学环境"作为"环境"的概念子集,本身就包含所有环境概念共有的因素,也与如社会环境、自然环境等其他各种环境有着诸多交集。因此,体育教学环境是一个综合的概念。

具体而言,一切参与到体育教学活动中的因素,诸如师生、硬件设施、教学政策等都是构成体育教学环境的内容。因此,可以从物质层面和精神层面两个方面来审视体育教学环境。物质层面相对好理解,主要指的是硬件设施,包括硬件设施的数量、质量、分布结构的合理性等。精神层面则包括学生的学习积极性、教师的教学安排、师生关系,以及学校对体育课的重视程度等。

以上的论述再次表明,体育教学环境是一个综合的概念。

2. 体育教学环境的特性

体育环境是体育教学开展的基础,重要性不言而喻。相较而言,由于体育教学内容的特殊性,导致体育比其他科目更加依赖良好的教学环境。如果缺少一个合适的环境,体育教学也就无从开展。因此,虽然环境因素属于影响教学的外部因素,但是体育教学的环境因素却起着决定教学成果好坏的重要作用。下面,笔者将简要讨论体育教学环境的特性。

复杂性是体育教学环境的突出特性之一。由于体育教学实践的场所相对于文化课教学更加复杂多样,因此造成了体育教学环境在空间上的复杂性。天气因素、安全因素,乃至设备因素以及文化课对体育课侵占等因素,都能给体育教学造成决定性影响。

此外,体育教学环境具有动态性的特点。作为与体育活动相适应的教学环境,体育教学环境几乎处于不间断的动态运动中。而教学的实际需要又要求相对稳定的教学环境,因此对动态性的体育教学环境就要付出更多努力,来使它的动态变化具有规律性、普适性,从而更好地为体育教学实践服务。

最后,体育教学环境的关键因素必须可控。教师必须付出努力来竭力避免体育教学环境中潜藏的负面因素,将其发生的概率控制到较低水准下。此外,还要根据教学进程的开展及时调整因教学环境变化而引起的不可控因素的发展,让体育教学惠及每个学生。

3. 体育教学环境的分类

体育教学环境是一个复杂的系统,在系统内部各种因素相互制约、相互影响,但都会在体育教学过程中产生相应影响。对体育教学环境系统的划分必须保持正确,才能更好地探索体育教学系统,合理优化影响体育教学的环境因素,以实现其可持续发展。体育教学环境的分类要依照不同的分类标准进行。

(1)内外部环境。虽然体育教学环境在整体上被视为影响教学的外部因素,但就其本身的特点而言,仍可以根据产生影响的方式而划分为内部环境和外部环境。内部环境指的是直接影响教学的环境,包括体育设施、教师水平、学校重视程度等。外部环境更多的指间接发生作用且具有一定不可抗力因素的环境,包括天气、空气质量、地理条件、气候条件等。当然,内外环境本身也相互影响,例如在潮湿的气候下,金属制体育设施更容易生锈。

(2)宏观、中观与微观环境。按照体育教学空间范围的大小可分为宏观、中观和微观体育教学环境。

首先是宏观环境。顾名思义，宏观环境就是指大的环境对体育教学活动的影响。"大"的范围可拓展至国家乃至国际。例如，处于战争冲突的国家就很难有良好的体育教学环境。这种宏观也可以是社会总体环境，例如，在阿拉伯国家，女生很难拥有和男生相同的教学环境。

其次是中观环境。中观这一概念小于宏观，大于微观。在使用中观环境时，通常固定特指某一教学单位内的体育教学环境，例如一所学校，或一个比较集中的群体。

最后是微观环境。微观环境的范围最小，一般可以认为是中观的微缩版，即以班级为基本教学单位的环境。

(3) 显性和隐性环境。这两种分区的点在于受教育者对环境的感受方式。

学生以视觉、触觉、听觉、嗅觉感触到的环境因素都可以归于显性环境。例如器材的好坏、新旧等。

难以用感官直接感受的内容被称为隐性内容。隐性内容可以是对学生对课程内容的喜爱程度、同学关系的融洽程度、对老师的喜爱程度，乃至社会流行的运动项目等。

(4) 社会和自然环境。顾名思义，社会环境就是指影响体育教学的社会因素，比如该地区的经济发展状况、社会对体育的重视程度，或社会对某些体育项目的偏爱程度等。自然环境则指地形地貌、资源分布情况。例如在长三角地区，由于水资源丰富，所以游泳教学项目发展较好，而西部地区则偏重于进行篮球等地面运动教学。

(5) 硬环境与软环境。按性质分，可将体育教学环境分为硬环境与软环境。

第一，硬环境又称物质环境，是指对体育教学过程发展产生影响的物质要素的总和。它包括三大要素：①体育实物性要素，如体育场馆、体育设施、体育器材等；②体育组织性要素，如班级、俱乐部、兴趣小组、体育社团等；③体育可物化要素，如体育教学经费等。

第二，软环境，是指对体育教学过程发展产生影响的精神要素的综合。包括人文环境、制度环境、政策环境等等。它同样包括三大部分：①制度文化要素，如体育教学要遵循的基本文件（以前的教学大纲，现在的新课标）。②思想观念要素，如教师的专业素养、学生对体育的价值认识等。③心理要素，如师生关系、人际交往方式等。

综上所述，根据分类标准的不同，可以将体育教学环境分为以上几种。这些分类中，种类与种类间并没有明显的界限。某一种分类内容可能包含另一种分类内容。这些内容对体育教学环境的分类整理对于促使体育教学科学化、系统化具有重要意义。

4. 体育教学环境的管理

人工环境是体育教学环境的主要构成内容。营造人工环境是有成本的，因此，产出是否能够覆盖成本往往是评价这种投入是否值得的首要因素，这也使人工环境管理成为重要内容。

管理同样是一个复杂的综合概念。然而，管理的目标却非常简洁而统一：为了使组织活动达到既定的目标。为了达到这个目的，必须极尽可能地调动组织内外的可用资源，使它们在统一调配下相互配合，达到最好的效果。为了实现这个效果，有几点必须要注意。

第一，明确管理目的，即为了组织整体的目标服务。这个目的表明管理是需要将一切活动整合到为组织目标服务的体系之下的活动。自从组织形式诞生以来，管理就如影相随。没有任何组织能够摆脱管理而单独存在。极度强调目的是任何管理都具有的本质属性。当然，尽管管理活动具有共性，但在不同社会阶段、不同社会阶层中，管理也有个性，但这里主要讨论共性。

第二，管理对象的社会性。首先要明确的是，任何管理对象都处于一定的社会组织之中，对其管理必须充分考虑所处的社会环境，并调动相关社会资源。只有正确运用和调动人、财、物等物质与非物质社会资源，才可以实现既定管理目标，又能够及时完成管理任务。简而言之，就是在正确的时间和正确的地点做正确的事情，以管理带动资源整合，以资源整合带动财富增长。

第三，某种程度上说，管理是重复性活动，要重复地制订前期计划，然后执行计划，并得出成果。这一过程虽然重复，但却是动态的，对管理过程的动态认识也是现代管理学理论的主要观点之一。

第四，任何管理活动都不能脱离管理环境而单独存在。管理活动本质上是社会活动的一种，因此开展管理活动必须依赖于对社会的环境的充分把握，只有认识到社会环境对管理活动的推动、支撑乃至桎梏，才能真正实现符合社会环境的管理活动。良好的社会环境会大幅提高管理活动的效率和效果。因此，把握好社会环境变动趋势对管理活动的顺利开展有极大裨益。

根据管理的含义，体育教学环境管理是指教学单位为最大限度地发挥体育教学环境的效应，充分挖掘体育教学环境的潜能，实现体育教学目标，而对体育教学环境进行计划、组织、指挥、控制、协调等一系列活动的总称。

(1) 体育教学环境管理的特征。根据体育教学环境管理的内容、性质以及主客体等方面不同，体育教学环境管理具有以下特征。

①首先是双重性特征。上文已经提到，体育教学环境具有社会性和自然性双重

属性，而体育教学管理活动作为体育教学环境中的一环，自然也具备这两个属性。管理的自然属性，指的是管理活动必须遵循教学活动的自然规律。管理的社会属性，指的是管理必须和适应社会发展的需要，和其他学科、其他社会领域形成良好互动。毫无疑问，作为一种重要的教学管理活动，体育教学管理和人类的发展紧密相连。

②其次是多质性。这里的多质性主要指的是被管理者的特性。体育教学的管理对象有很多，这些多领域、多层次的管理对象因其性质的不同而呈现出了多种多样的特质。体育教学活动并非针对某一特定对象进行管理，而是合理安排这些要素组合，并且对不同的要素采取不同的管理手段。

③最后是综合性。综合性是管理活动的总特性。上述提到的双重特性和多质性在某种程度上都是综合性的体现。除此之外，现代管理理论与其适用对象的不同，也构成了综合性的表现形式。

（2）组织职能、计划职能、指挥职能、协调职能、控制职能是体育教学管理五大核心职能。

①组织职能。旨在将影响体育教学管理的诸因素有机整合，达成为管理目标实现服务的目的。对该职能的把握仍应该从两方面考虑：首先，宏观层面，要建立一个能够有效调动主要因素的顶层系统架构，并明确该架构下每个部门的职能，最终形成合力；其次，微观层面，应针对每一小目标的具体要求，合理分配师资、器材等要素，合理安排教学时间、教学内容、考核目标，以保证最终落实每个小目标。

②计划职能。所谓计划，就是为了达成具体目标而制订的一系列行动步骤。计划的制订建立在对事实的充分掌握和对每项分目标的具体梳理的基础上。要充分实施体育教学管理计划，并彻底实现其教学目标，必须从以下方面着手：首先，将总计划分解成若干小计划，通过完成一个个小计划，最终实现总目标。其次，对总计划有一个宏观把握，确定总计划在宏观背景下（包括政策背景、社会背景、经济背景）的位置，从而确定计划制订与实施应遵循的大方向。最后，从微观上考量计划的可行性，综合考虑师生、预算、环境等诸因素，确保计划有可操作性。

③指挥职能。指挥的过程就是调动资源的过程。管理者要以完成既定管理目标为根本目的对各方资源进行统一调度，使其形成合力，共同完成既定目标。需要注意的是，这种统一调度必须严格按照既定目标运行，决不能随着管理者的个性而肆意妄为。此外，这种调度必须依托实在的教学环境，不能将管理置于教学实践之外或之上。

④协调职能。在具体的体育教学实践中，不同的环境常常带来不同的教学效果，每个环境都有其优劣势，管理者应站在整体的角度综合考虑各种优劣势，将其整合，培优补劣，从而达到每种环境下的最优解。需要注意的是，体育教学环境虽然在体

育教学实践中扮演了重要角色，但教学与学习终究是人的行为，因此只寄希望于环境来达到教学目标是不现实的，这一过程还需要师生的共同努力。

⑤控制职能。控制职能指的是在管理过程中对偏离既定方向的教学行为进行纠正，不断修正前进方向，使教学活动向着既定的方向前进。在日常的教学实践中，这种偏离常常表现为体育教学的目标脱离于体育教学环境而单独存在，或者说体育教学目标通常过于"宏伟"，当管理者发现倾向时，便要及时纠正，以防既定目标难以完成。

(二) 体育教学环境的设计优化

体育教学的空间和取得的效果都会受到体育教学环境的影响。因此，在体育教学论中，怎样让体育教学的环境因素在最大程度上帮助体育教学是一个非常值得研究的课题。

1. 体育教学与自然环境

(1) 自然环境对体育教学的影响。空气、阳光、高山、海洋、树木、花朵、雨雪等都属于自然环境。体育教学活动也会受到这些因素带来的影响。例如，人的哮喘、咽炎和急性支气管炎等疾病就是因为鼻、咽喉结膜和眼结膜在灰尘、有机气体、烟雾等物质的刺激下产生的。此外，二氧化碳在人体安静时的产量是每小时 20 多公升，但在运动过程中就会增加；分解物会在汗液中出现，以及消化道排出的一些气体也会对室内的空气进行污染，如上课时学生人数多，不可避免地会产生一些灰尘等。因此室内教学要保证空气的流通。

在体育教学过程中，学生的心理因素和生理因素会根据自然环境的气压、气温等变化而发生改变。上午十点或是下午一般是体育课的教学时间，但如果学生所处的运动环境温度较高，紫外线照射强烈，就会在一定程度上影响学生的体育学习。这时学生的表现就可以反馈出相应信息，例如学生会出现心跳加快、注意力无法集中、口干舌燥、疲劳等现象，当身体无法调节过热的体温时就会出现热痉挛、中暑等现象。与炎热相反，如果体育教学的环境非常寒冷，也会受到影响。例如，厚重的衣服虽然利于保暖，却不利于体育锻炼，关节韧带因寒冷而略显僵硬，导致缺乏弹性和延展性，从而易出现受伤和疲劳的现象，使运动能力下降。此外，人体在不同的气压下也会产生不同的现象。例如，当气压高时，心脏会在运动中产生压力，从而降低机体的活动；心脏、血管和肌肉的负担则会在气压低时不断增大。如果运动的环境非常恶劣，如大风天和扬沙天，则会引起咳嗽和咽喉肿痛等呼吸道问题。此外，室外体育教学也会受到南方梅雨季节的影响。如果学生在以上环境中进行运动,就会出现失去判断力、注意力不集中、容易疲劳、失去学习兴趣等状况,从而对体育教学产生影响。

(2)改善自然环境,使之为体育教学所用。通常情况下,自然环境会因为所处的不同地区而产生差异性,学校所处的自然环境不同,优势和特点也不相同,学校可将这些优势的作用发挥到最大,以弥补和减少当前自然环境中的缺陷,从而改变体育教学环境。只有不断发掘每个学校所处的不同自然环境,才可以很快地找到其中的优势。例如,北方冬季冰雪量大,学习就可以多设冰上或雪上运动;山区学校没有较大的平地面积,就可将运动场地多样化,可以越野和登山运动为主;学校靠近海边或湖边就可以增加水上运动。

应致力于改善体育教学的自然环境,增加室内场馆和风雨操场,尽量减少体育教学在高温和风雨下产生的影响。同时要注意保护体育场地所处的环境,尽可能多地栽种树木和铺设草地,这些绿色植物在改善体育场地空气质量、吸收有害物质的同时,还可以遮挡住炙热的阳光、在一定程度上减少噪声污染等,当教师和学生处在这样的自然环境中,会心生愉悦,感到非常心旷神怡。体育教学所选的内容和方法并不是一成不变的,教师可依照不同的自然环境灵活地挑选。例如在寒冷的冬季,教师可相应地降低难度,灵活选择运动方式。要始终坚持以学生为中心,不追求在极致环境中进行体育锻炼,让学生从心里爱上体育锻炼,并始终在学习过程中保持愉悦的心情。

2.营造体育教学场地设施环境

体育教学活动要依靠相关的设施才能更好地展开,体育教学环境中也包含体育教学设施这一因素。教师、体育场馆、运动器材和操场等都属于体育教学设施,这些设施都在一定程度上影响着体育教学。而教学环境中也必须包括这些体育教学设施,体育教学活动选择的内容和达到的水平会都受到教学设施的影响,教师和学生也会对教学设施的外观和特征产生不同的感觉。例如,体育场馆的灯光、造型、颜色和布置等,都会在一定程度上影响着教学的质量和成果。

(1)合理布置体育场地与器材。体育教学设施的合理配置既会促进学生身体和心理的发展,也有利于教学,会对体育教学产生推动作用,让学生从生理和心理上易于接受,从而提高学生锻炼的兴趣,增强体质,让学生逐渐向终身体育锻炼靠拢。例如,场地器材的陈设是学生在体育课上最先看到的,如果场地整洁干净、设备齐全、环境优美有序、场地线条清晰不杂乱,那么就会让学生迫不及待地想要尝试,提升学生学习的积极性;如果场地杂乱无章、各种设施不够整洁,就会让学生从心理上产生抗拒,失去锻炼的兴趣。再比如,在游泳课上,当初学者看到救护和辅助器材比较完善时就会从心理上减少恐惧感,从而可以很快地投入到游泳学习中,不仅如此，还可以加强对学生的保护。当女生上排球课时，传、垫球练习往往会带来疼痛，严重者还会扭伤指腕关节，或造成前臂皮下出现肿胀和淤血的现象，这些伤痛会从心理上让女生畏惧，但要是可以很好地控制排球的软硬度，或者不再使用传统排球，而是使用软式排球，就可以在一定程度上减少女生的恐惧感。而将排球网的高度降低，让学生体验到扣球成果的快感，不仅可以让学生更加积极地投入到排球扣球技术的学习中，还可以增加学生的信心，让学生有更加浓厚的练习兴趣。

除此之外，体育器材在长时间的使用之后会有不同程度的老化或磨损，还会有螺丝松动等情况出现，这些都是潜在的安全隐患。还有些运动场地不注意维护，出现地面不平整的现象，学生在运动过程中很容易出现肌肉韧带拉伤等情况。所以，学校要优化和完善场地和器材，定期检查和保养一些设备，教师也应在课前认真检查相关的体育器材，做到有备无患，保证学生的安全。

（2）完善体育场地设施环境的照明、采光以及声音等条件。不仅要充分完善场地条件，还要考虑到采光、照明和声音等场地设施条件。室内场馆在很多时候是体育课的主场地，理论课程基本都是选择在室内。因此，体育教学活动也会受到教室内部和场馆内部采光等因素的影响。如果光线昏暗，学生无法看清黑板上的板书和书上的文字，会直接影响到知识的学习，也会对排球、乒乓球等一些球类运动的路线识别不清。如果光线过于强烈，就会造成球台出现反光现象，阻碍学生的视力，在视觉上产生强烈刺激，从而无法达到应有的教学效果。

此外，安静的环境更有利于体育教学活动的展开，避免喧嚣，让学生集中注意力。特别要注意须防止噪声带来的干扰，教学活动会在噪声的干扰下显得不够清晰，让教学效果大打折扣。学生在充满噪声的环境中也会无法集中注意力、容易疲劳，从而使学生失去稳定的情绪，更有甚者还会攻击他人。体育课在大多数情况下都是室外课，噪声并不能完全地被隔离，还是会有一定影响，但学校应该尽最大努力来让体育教学环境变得更好，让教学尽可能地不受噪声干扰。

（3）营造体育场地设施的色调环境。在体育教学活动中，周围环境不同的色调也会带来不同的影响。通常情况下，心理和情感都会受到各种色彩的影响，大脑看见红色和深黄色时容易感到兴奋，而人们看见浅绿色和浅蓝色时感到和谐，放松大脑。相比于冷色，暖色在体育教学活动中更容易让运功者感到兴奋。例如双杠运动，掉漆或铁本色的双杠明显没有浅色漆或木纹漆的双杠受欢迎。体育设施的颜色与学生衣服的颜色也会在一定程度上影响教学效果，凝聚力和集体主义总是会出现在一些相同着装的班级中。

3. 优化体育教学的人文环境

在体育教学中，很多因素都属于人文环境，因为人文环境的构成包括体育教学过程中人的方方面面。但下面要着重讨论体育教学人文环境其中的两个方面：一是体育教学组织环境，二是体育教学心理环境。

(1) 体育教学组织环境构成与发展。

①组织环境的构成。此处组织环境指教风、校风、学风、班风等，其对体育教学活动有着重要的指导意义。具体来说，就是将学校看作一个完整的社会组织群体，学校内部的系部和班级等都是次级群体，学校就是由这些不同的组织构成，这里的任何一个群体都可以将自己独特的心理活动和思想面貌在多种多样的活动中展现出来。

构成体育组织环境的其中一个要素就是班级规模，其不仅会对学生的体育情感和学习动机产生影响，也会对学生学业成绩和体育教学活动产生影响。人们在很长时间以来都建议学校进行小规模班级教学，因为人们对国家教育水平的判断就是通过学生和教师在班级中的比重而来，教育水平高代表着师生比低，当前很多欧美国家都在降低师生比。

在体育教学组织环境中，队形的编排显得尤为重要。课堂师生活动在很多地方都受其影响，例如，师生在体育教学过程中所采取的信息交流方式和涉及的教学内容都会受到队形编排方式的影响。

校风是一种有代表性的思想行为作风，全校师生都需熟知并牢记，它的出现常作用于心理上，所起到的激励作用也是内在的、隐性的。校风就是学校内部产生的一种社会风气，它属于一种集体性行为，是学校中的学生集体、教师集体和其他集体共同发挥作用形成。校风属于环境因素，但不是有形的，可以在不知不觉间对体育教学活动产生一定影响。成员在班级内部经过长时间的交往所产生的相同心理倾向就是班风。班风是情感的共鸣，在其形成之后，成员会以班级目标为己任，将自己的目标与班级目标相统一，并为之努力，让学生可以在这种良好的氛围中展开合作与交流，在价值观念上达到统一的同时，也会培养出正确的社会态度，进而有利于开展各种学习活动。校风是班风的基础，勤奋刻苦、热爱劳动、热爱班级、尊师爱友、遵守纪律、团结同学和讲究卫生等都是良好的班风。

学校的体育教风既可以影响学生的体育能力，也可以影响学生的体育意识。感化、陶冶、促进、暗示和启发这些特别的育人机制都可以让教风在不知不觉中促进学生在体育意识和能力方面的进步。集体舆论可在积极乐观的学风下向着更好的方面发展，学生的情感、行为和认识也会受到鼓励、陶冶和感染；但集体中的成员会在不健康的风气下精神散漫，学生失去对体育学习的积极性，使教学失去应有的效果，对课后锻炼产生懒惰心理，不会主动参与学校组织的任何活动。

②体育组织环境的创设。学生成绩与班级规模有着直接联系，成绩与班级规模成反比，学业成绩低就说明班级规模大，学业成绩高则说明班级规模小。此外，学生的创造力、学习兴趣和动机也与班级规模有着直接联系。所以要增加学习效益，就要合理缩减班级规模。

灵活编排组合队形模式。在课堂活动中，教师和学生会受到队列编排的多角度影响，以信息交流为例，在体育教学中，队形的编排不仅会对信息交流的范围产生影响，也会对交流的方式产生影响。室外课基本采用横排队形，教师直接面对学生，此种单向信息传递模式有利于教师将信息传递给学生。双向信息传递模式是单向信息传递模式的进阶版，单向信息传递模式虽然让信息在师生之间得到良好的传递，但是却让信息在学生和学生之间的交流受到阻碍，不利于学生的交往。通过心理学研究可以证实，当前的学生身心成熟速度随着社会环境的改变明显快于以前，学生的学习成绩与他们之间的信息交流有着直接关系，这种关系会随着学生不断增长的年龄而越来越密切，有时连教师都无法超越。教师要根据这种情况找到学生的特点，并根据信息交流需求来改变课堂队形，充分利用不同队形的优点，让信息交流更加便利。例如，可以将"U"形队形用于错误动作的纠正中，让课堂信息在多个方向中传递，扩大信息的传递范围，让交流模式从单向变多项，提高信息的传递率。

毫无疑问，优良的校风和学风能够营造积极向上的体育学习和体育锻炼氛围。更重要的是，这种风气一旦形成，就能以相对固定的方式传承，塑造学生性格，进而塑造学校风貌。同学们在受到氛围的影响而加强体育锻炼后，反过来又会成为增强校园体育运动气氛的助推者，促使校园体育锻炼氛围更加浓厚。由此便形成了一个良性循环。

环境的影响往往是潜移默化的，塑造出好的环境也非一日之功。在不考虑其他因素的前提下，环境越好，学生的学习效果也越好。研究表明，青年人受周围环境的影响较之其他年龄段更为明显。举个例子，在传统篮球强校，热爱篮球学生的数量会显著高于其他学校，而优秀篮球选手的比例也会更高，这就是环境的力量。另外，管理环境对学生的引导作用也不容小觑，积极正向的环境对学生性格的塑造往往有良好的效果。

(2) 体育教学心理环境。体育教学的成功与否，除了与学生的身体素质、体质、技能基础、教师水平、家庭背景等客观因素有关外，还有一个重要的就是心理环境。

①整体体育氛围。氛围的形成与文化风气的塑造密不可分。文化风气又是特定社会环境影响下的产物，具有鲜明的时代特色。改革开放以来，市场经济发展迅速，

伴随而来的是丰富多彩的精神世界。一些负面、不健康的思想常常会被时代的洪流裹挟着浩浩荡荡涌向校园。教育工作者必须注意到这些思想洪流，辨别其是否恰当，择优排劣，营造积极正面的校园体育文化氛围。同时，也要注意向正面的文化倾斜，例如，对于国家支持的项目，或因我国体育健儿在国际上取得了重大突破而流行的项目，要大加引导，积极支持。另外，体育文化氛围也应受到跨领域、跨学科氛围的影响，无论是学校对人的全面发展的提倡，还是其他学科对体育学科的重视程度，都会影响到体育氛围的营造。因此，学校一定要全面的思考影响整体体育氛围的因素。

②课堂气氛。又称课堂心理气氛。主要指学生在课堂上所表现出来的情绪、情感状态。它是班级中师生、学生之间互动而产生的。一旦形成这种情绪、情感状态，便能成为一种压力，从而影响学生的态度、行为及学习效果。它虽然不是体育教学活动的组成部分，但是却对体育教学活动的开展起着维持、定向的作用。课堂气氛所涉及的因素是很多的，既有人的因素（教师与学生）、物的因素（教室环境），又有心理因素（情境）等，可以说，课堂气氛是上述各因素综合的结果，因此，创设良好的课堂气氛需要教师与学生的共同努力。体育教师是课堂体育教学的组织者和主导者，教师的行为对课堂体育教学气氛的形成起着举足轻重的作用。

首先要明确的是，民主风气的形成对体育教学氛围的营造至关重要。当老师愿意以平等的姿态面对学生时，课堂气氛就会变得融洽而积极，学生的学习热情也会空前高涨。

其次，老师要学会换位思考。只有从学生的角度出发思考问题，才能够真正理解学生心中所想，才能够切实解决体育教学中的痛点。学生才能真正感受到尊重，才愿意积极配合老师的教学活动。研究表明，学生对老师的喜爱和厌恶程度能够显著影响学生对该科目的学习效果，因此，老师必须重视塑造个人人格魅力，而影响人格魅力的重要因素，毫无疑问就是换位思考能力。

③交流能力。这里的交流能力指的是教师与学生、与教师乃至与学校之间的人际交流能力。因为体育教学并非孤立于学校整体教学环境存在，学校既是教学场所，也是交织着人际网络的小社会，拥有良好的交流能力能够促使体育老师与其他科目老师协调分配教学时间，从而使体育教学活动开展得更加顺利。

在体育教学工作中，不同学生之间的人际关系也会对其产生影响。人们在以前总是认为学生之间的关系并不复杂，从而忽略了其对体育教学产生的作用。事实上，学生的家庭环境各不相同，自身的知识水平和兴趣爱好也存在差异，这些都导致学生间的人际关系变得复杂。学生在情感上、思想上甚至是人格上都会受到这些人际关系的影响。教师和学生在教学和日常交往中会不断地交流和认识，为彼此带来影响，就会形成师生间的人际关系。

综上所述，良好的人际关系不仅有助于提高教师的教学效果，还可以提升学生的学习兴趣，更有助于营造积极向上的教学氛围。因此，教师在日常的教学实践中，不仅要提升自身的专业技能，也要有意识地重视培养人际关系。

二、体育教学内容的挖掘与发展

(一) 体育教学内容的挖掘

1. 体育教学内容挖掘的目标

(1) 满足学生的各种体育需要。作为体育教学中的重要目标之一，全面提高学生的身心发展，也是进行体育教学内容挖掘的重要目标。为了保障学生能够接受所挖掘出来的体育教学内容，无论挖掘哪个类别的体育教学资源，都必须以满足学生的体育需要为前提。同时，由于现有的体育课程并不能弥补学生在体育方面欠缺的知识内容，所以，在充分考虑体育教学内容资源挖掘成本的基础上，也要在挖掘体育教学内容资源的范围上突出重点，对于那些有利于学生体育长远发展的教学资源，应该得到优先发展。

学生能否积极主动地参与体育教学资源的挖掘过程，并主动去探索其中的体育知识，对体育教学工作来说，具有非常重要的意义。体育教师要最大限度地利用好所有能够有利于挖掘体育教学资源的各类因素，通过提供给学生丰富多彩的体育教学内容资源，来培养学生独立学习的习惯，并且，在探索问题、分析问题、解决问题以及合作学习等方面的学习能力也可以得到全方面提高。只有学生自觉地从体育学习实践出发，创造性地去使用各类体育教学资源，体育教学内容挖掘工作才能更有效地服务体育教育事业。

(2) 提高体育教师认知能力。在体育教学内容资源方面，提高体育教师的认知能力，是进行体育教学内容挖掘的另一个重要目的。体育教学工作不仅要深入认识和理解新的体育教学内容资源，也要时刻保持挖掘体育教学内容资源的主动性和积极性，因为，其将直接影响体育教学内容资源的挖掘质量及产出效果。所以，为了提高体育教师在体育教学资源方面的认知能力，不断深化体育教师对体育教学资源各方面的认识，成为体育教学内容进行挖掘的过程的重要任务。

(3) 充实体育教学的内容体系。体育教学大纲和体育教材，在一定程度上制约着传统体育教学内容体系的发展，而新兴的体育运动项目的教学经验等与现有的体育教学内容又难以完成对接。因此，为了充实现在的体育教学内容体系，并从根本上改革以上难以为继的体育教学局面,挖掘体育教学资源不得不承担起这项基本任务。目前,社会丰富多样的体育教学内容资源,已经给体育教学内容资源的挖掘工作提供了良好的基础条件,只要能够调动体育学科的专家体育教师和学生等多个主体的积极性,就可以将那些趣味性和适应性较强的新鲜体育教学内容资源,开发成为新的体育教学内容。同时,通过国家、地方和学校等多层次、多角度、全方位地挖掘与开发,新的体育教学内容资源可以更好地拓展原有的体育教学内容,进而形成具有中国特色的体育教学内容体系。只要学校的体育教学内容的覆盖面足够宽广,学生就可以拥有更加丰富的学习和发展空间,素质教育的实施效果和体育课程的教学质量也将会得到有效提高。

(4)形成学校的体育教学特色。从根本上看,不同学校的办学理念和办学条件也不尽相同,甚至,由于学校的性质不同,学生的发展基础也可能存在着较大差异。所以,为了改善学校所具有的体育教学内容资源性质,并缩小不同个体在具体结构和数量等方面的差距,就不得不提高体育教学内容在本学校体育教学中的适应性,在对体育教学内容资源进行挖掘过程中,更应该形成与本校实际情况相符合的体育教学特色。

因此在设计体育教学内容时,不能采用一刀切的方式,使用一个模板,一个标准。应该因校制宜,根据不同教学环境和教学对象设计不同的教学内容。从而达到体育教学和共性的结合,只有这样,体育教学内容的挖掘工作才能可持续地发展下去。

2.体育教学内容挖掘的原则

(1)时代性原则。时代性原则,是体育教学内容资源挖掘方面应该遵循的第一重要原则。其中包括两个主要原因:第一,通过体育教学内容资源的挖掘工作,充分满足现代社会发展的具体需求;第二,体育教学内容资源的挖掘内容,应该体现出自身的鲜明时代特征。

在现代化社会快速发展的过程中,人们的生活方式以及社会的生产模式,都无时无刻不在发生着变化。其实,人们享受发展成果的同时也在承受着一定风险,尤其表现在身体健康方面。所以,对体育教学内容资源进行挖掘时,首先要考虑到能否满足人们的健康需要,以便于人们尽快解除身体健康面临着的严重威胁。新颖的健身方式和休闲娱乐手段是影响体育教学的主要因素,那些具有较强实用性和较高身体锻炼价值的体育教学内容资源,应该成为主要挖掘对象,体现出体育教学内容资源挖掘的时代特征。

(2)开发和利用并举。挖掘和设计教学内容最终是为了实现更好的教学效益而服务，因此在对教学内容进行挖掘时，不仅要重视对内容本身的挖掘，还要重视对挖掘内容的有效利用，不能够为了开发而开发，应做到为了更好地利用而开发。

无论是追求体育教学内容资源的开发数量还是开发质量，都要求挖掘过程必须重视其最终的开发与利用的效率。在积极开发各种体育教学资源的同时，要善于分析和识别即将挖掘的体育教学内容资源，并及时发现现有体育教学内容资源中存在的问题，以便于正确处理加工或改造转化那些使用价值较低的体育教学内容，更好地保障所挖掘的体育教学内容资源能有效地服务于体育教学工作。

(3)针对性原则。根据不同的体育教学目标，以及体育教师、学生、学校之间存在的性质、特点和实际情况的差别，体育教学内容资源挖掘应该呈现出一定的针对性。为了顺利完成正常的体育教学目标，在挖掘体育教学内容资源之前，要充分地比较和分析各个挖掘对象，只有那些适应性较强的体育教学内容，才可能成为有效的挖掘目标。因为，这样挖掘出来的体育教学内容资源，更加符合体育教学目标的具体要求。

另外，学生的兴趣爱好和所具备的体育能力，以及学生的身心发展水平等，决定了应该选择挖掘哪些体育教学内容资源。首先，结合学校的实际情况，不仅要充分考虑学校的性质、办学宗旨和培养目标等因素，还应该从师生结构、自然环境和地理位置、校风校纪、校容校貌、学校的发展历史、学校现有的场地和器材等实际情况出发，挖掘能够符合学生特点的体育教学内容资源，才能体现出"以学生为主"的体育教学思想。同时，也要结合每位体育教师所掌握的体育教学知识，及其专业特长、教学经验、思想理念等方面水平，来开发体育教学内容资源。只有依据不同的体育教学特点，有针对性地挖掘体育教学内容资源，才能达到理想的体育教学效果。

(二)体育教学内容的发展

1.体育教学内容的发展变化

通过研究我国体育教学内容的整体发展历程，可以看出，其发生的变化主要体现在以下方面。

(1)随着竞技体育的快速发展，现代竞技体育运动的培养已经得到世界上很多国家和地区的充分重视，即使是在传统的体育教学当中，竞技体育运动也开始慢慢地代替原有的体育教学内容。

(2)目前，虽然体育教学内容的数量正在下降，但是，其难度却在逐渐地提升。当遇到技术性较强的教学内容时，就会请那些接受过专业训练的体育教师亲自来教授体育课程。

（3）为了更好地保障学校在体育运动教学方面的安全，体育教学内容变得越来越正规化，场地和器材的质量也更加符合体育教学的要求。

（4）在体育课堂上，根据学生的实际情况，增加很多"练"的因素，同时减少体育教学中原有的娱乐性内容。

2.体育教学内容发展存在的问题

（1）教学内容没有体现学生的主体作用。在构建体育教学内容时，学生的发展需要是教学活动应该考虑的根本因素。为了保障学生的身心条件能够正常发展，体育教学内容的选择及设立必须从健康方面出发，并充分发挥体育教育给学生成长带来的有利帮助。然而，现实的体育教学并没有充分重视学生的主体作用，学生具体的发展需要也没能得到及时解决。

（2）教学内容陈旧。由于我国体育教学工作一直是以体育教学内容的完整性为教学重点，而忽视教学内容的前沿性和现代性，导致体育运动教学知识没有得到及时更新，体育运动的技能也相对陈旧，无法引发学生的学习兴趣，使体育教学课堂失去活泼的灵魂。现在的教学实践过程中，虽然增加了一些有利于健身的娱乐性体育教学内容，但是，没能在根本上改变教学指导思想，体育教师仍难以自由地选择教学内容，学生喜爱的教学内容始终不能带到教学课堂上，体育教学课堂的开放性没有达到理想程度。

（3）教学内容单一。

①精细的体育教学大纲，已明确规定教学内容的具体章节，一定程度上限制了体育教师发挥主观能动性。体育教师只能遵照统一的教学内容按章办事，不能灵活地处理体育教学中遇到的实际问题，使体育教学缺乏足够的创造性。

②按照规定好的内容开展体育教学，自然不能满足学生自身的发展需求，学生无法根据自己的喜好选择体育教学内容，让本就不够丰富的体育教学内容，覆盖面更加紧缩。

③单一的体育教学内容，只注重体育知识的传承，而对体育内容的娱乐性和学生健康成长的关注度甚少，最终导致难以完成理想的体育教学目标。

（4）教学内容偏多。丰富的体育教学知识，是为了体现对学生全面发展的重视程度。然而，体育教师很难在规定时间内完成相应的教学任务，即使在课堂上讲解了全部学习内容，但也只是针对表面上一些综合性的体育知识，并不能让学生深刻地认识到体育运动项目的发展意义，学生不能真正意义上有效地掌握运动项目的体育技能。

3. 对体育教学内容发展的思考

（1）教学内容逻辑需求不大。不可否认的是，相较于其他学科，体育教学内容并不需要很强的逻辑性，更重要的是保持教学成果的有效性，因此，教师设计教学内容时，可以适当弱化对逻辑内容的考虑。

（2）竞技项目如何教学化。虽然体育教学中也包括竞技体育运动项目，但是，体育教学与运动训练相比，两者存在着很大不同。专业的体育训练难度较大，其内容简单枯燥且要求很高，不利于体育教学内容的发展，也不适合学生的体育发展要求。然而，为了促进体育教学内容更加丰富，可以改造现有的体育教学内容，在其中增加一些适当的竞技体育运动项目，则能够更好地满足体育教学的目标需要。

第二节　现代学校德育管理探索

一、学校德育管理意义

学校开展德育活动需要教育者、受教育者，以及学校管理者的共同参与。学校管理者的参与，是为了更好地对学生的德育活动进行有效管理，使德育活动和德育教育更好地契合，更好地实现德育教育的目的，从整体上提高学校德育质量。[①]

（一）协调学校、家庭和社会之间的关系

影响德育管理效果的因素有很多，学校德育往往受到上至社会下至邻里、家庭等诸多因素影响。这也要求学校管理者必须着眼于社会的要求，立足学校的实践，兼顾家庭的影响进行德育管理，这样才能够达到理想效果。在具体的操作中，德育往往受三大因素的影响：家庭、校园、社会。其中校园因素在绝大多数时候都是主要因素。作为德育管理的"主战场"，校园必须要协调好与其他外部因素的关系，争取使社会、校园、家庭携手共进，达成一致，以合力推进德育管理，达到"1+1+1＞3"的效果。

（二）协调学校内部各部门、组织之间的关系

学校对德育的管理，是宏观地协调学校各部门组织之间的关系。之所以这样说，

---

① 李长春. 新时期高校体育信息化教学探究——评《现代体育教学改革与信息化发展研究》[J]. 中国科技论文, 2019, 14(12): 6.

是因为学校开展德育活动需要学校内部各部门组织之间的协调配合，比如，党组织、学校工会、教务处、教导处、行政部门、后勤处、总务处、班主任、教师、学生会、共青团等。通过各部门积极配合，对与德育活动开展有关的学校内外的人力、物力、财力等教学资源进行充分利用和合理分配，辅助开展德育教学活动课外活动。学校通过宏观调控部门组织之间的协调关系，避免不必要的关系冲突，从而合理运用学校资源，顺利开展德育教育，有效地提升德育质量和效率。

(三) 协调学校德育过程内部各要素之间的关系

要真正使德育教育成果落在实处，需依赖各方配合。德育对象应是"学生"群体，包括个人，但不只有个人，德育是以个人为对象的群体教育行为。但是需要注意的是，学生群体本身的复杂性也会对德育活动产生重要影响。此外，教师群体本身也颇具复杂性。因此，以复杂的群体构成为对象同时还要兼顾个体的德育活动必然也应是复杂的综合性活动。为了使德育活动真正得到实效，就必须区分这些群体中的各个要素，并科学合理地安排每一个要素，以使其协调配合，共同推进德育活动的开展。

二、学校德育管理的模式与原则

(一) 学校德育管理的模式

综观历史和现实，学校及其德育管理有三种基本类型或模式，它们在出现的时间上有先有后，但各自都有其优点和缺点，并都在发展之中。

1. 行政型学校德育管理模式

顾名思义，行政型就是将德育放诸行政管理模式下进行。这一模式最显著的特征就是采用威权强制推行德育教育。教育者和被教育者是上下级的关系，等级森严，各级言行举止有其规定范式，不得逾越。下级对上级的任何指示原则上都要无条件执行，下级几乎没有自主行动的权力。

这种模式的优缺点都比较明显，最大的优点是高效，上级关于德育的意志几乎可以毫不费力地在整个集体中推行下去；但缺点也同样明显，首先，是领导人员的专业性几乎决定了整个集体德育教育的成败，其次，使下级完全丧失了机动性，容易一刀切地面对不同情况，从而造成南辕北辙的负面效果。

2. 经验型学校德育管理模式

如果对德育管理进行论资排辈，那么经验型的德育教育模式绝对资历最老。这一模式在德育教育出现之初便存在了。与行政型不同的是，经验型的德育教育模式主要依赖于学校领导的经验。这种经验来源于他们的人生经历，或来源于他们的知识，可以肯定的是他们的经验一定带有主观色彩与个人色彩。从某种程度上来说，他们的经验也都相对固定，因而这种模式下的德育管理模式虽然是以主观的经验为基准，但也仍然能够呈现出相当稳固的运行模式。领导经验的适宜与否也将长久地影响其管理单位的德育效果的好坏。

现代社会的发展已经迈入全新阶段，故对经验型管理者也提出了更高的要求。现代的经验型管理者必须兼具科学素养、人文素养、大局意识。必须对德育教育发展的方向有清晰而准确的预判，对手下推动德育教育发展的工作人员要给予足够的重视，对在德育教育中的各种突发情况要有足够的处理能力。

经验型管理有其优势，优势就在于管理者本身的经验的可靠性。然而，缺点也非常明显，任何人的经验都是基于特定的时间地点体验的综合体，因此都不可避免地带有这样或那样的局限。要突破这种局限，就必须懂得具体问题具体分析。

3. 科学型学校德育管理模式

在19世纪末20世纪初，诞生了一种新型管理模式即科学型学校德育管理模式。科学型学校德育管理模式，利用科学理论对学校管理对象进行调查、测量、实验、统计、分析，并有效地分析管理过程的影响因素，从而发现，管理对象和管理过程间的关联，以关联作为依据运用科学的管理方式进行决策管理。

综上所述，行政型学校德育管理模式、经验型学校德育管理模式、科学型学校德育管理模式都具有各自管理模式的优势和不足，不能一刀切地认为，哪种管理模式最好，哪种最不好，应该在学校实际的管理过程中，具体分析实际情况，结合各个管理模式的优势开展学校管理工作。

(二) 学校德育管理原则

学校德育管理原则是根据学校德育目标、管理理论和德育理论制订的指导学校德育管理工作的基本要求。学校德育管理原则也是学校德育管理经验的科学总结和概括。

1. 教育性原则

所谓教育性原则，就是指将德育管理放置于教育体系之下，将德育管理以教育的模式在学校中推进，进而尽可能地扩大德育管理的教育成果。

事实上，校园中的德育管理已经呈现了与教育过程紧密相关的现实情况。在相当多的层面，校园中的德育管理都体现出了校园教育特色。例如，校园德育管理会不断接到反馈，进而进行修正，施行，再接受反馈，如此周而复始，螺旋上升。这种模式和教师不断改进自己的教学方式的模式如出一辙，都非常科学。此外，就像学校的教育是基于明确目标循序渐进地推进一样，校园德育管理也大体会遵循这一途径。

贯彻教育性原则，需要做到以下四点要求。

(1) 学校德育管理本身也具有德育作用，应充分发挥该作用的有效性。德育管理的方式、目标、管理人员的行为都具有德育教育作用，因此学校在进行德育管理时，应该遵守以下几方面：首先，管理的推进应该符合德育目标，管理应该以培养学生优秀品德，促进德育质量和效果为前提；其次，管理者要明确管理的意义，从意识和行为上积极配合德育管理；最后，管理应该使用正确的管理方式、方法、防止管理变成形式主义和制约学生的手段，管理者应该端正自己的思想态度，注意自己的言行，以自身为引导和榜样开展学校德育管理。

(2) 管理应将规章制度和说理疏导结合起来。规章制度是指通过规范管理目标、制订管理计划、规范行为准则、规范检查等方式，宏观把控德育教育的开展过程。说理疏导是指通过教育、谈话、讲座等方式，使教师和学生明确管理的目的、管理的意义，使教师和学生从意识上明确管理的必要性，从而在行动上积极配合德育管理。将规章制度和说理疏导结合，既从意识上保证教师和学生理解德育管理，又从规章制度上约束了教师和学生的行为。

(3) 教育应该自始至终贯穿于学校德育管理过程。管理的目的是辅助德育教育，所以管理的每一环节、每一要求都应该是为了教育而设立，管理计划、管理方式、管理实施都应该具有教育性。

(4) 适当运用奖惩机制，有效发挥奖惩机制的作用。具体做法为：首先，需要明确奖惩是管理的一种手段不是目的；其次，奖惩机制应该以奖励为主，惩罚为辅，积极发挥嘉奖的激励作用；最后，奖惩机制中，奖惩手段应该以精神方式为主，物质方式为辅。

2. 方向性原则

方向性指的是与党的方向保持一致。现阶段人类社会仍处于阶级社会中，德育教育也不例外。社会主义国家的德育教育毫无疑问应为社会主义建设而服务。要实现这一目标，必须坚持以下几点。

首先是坚持党的领导。这是保证我国德育教育发展方向的根本宗旨。

其次是坚持马克思主义的指导地位。尽管德育教育内容复杂，但归根结底德育教育是对人进行教育、管理。因此，必须在德育管理过程中坚持马克思主义指导思想，让马克思主义理论成为德育思想的根本底色。

最后是坚持与党的步伐保持一致。既要保证党的领导，还要听党话跟党走，不断修正自己的前进方向。

3. 民主性原则

顾名思义民主性原则是指在德育教育过程中管理者应该把被管理者当作主人，发挥民主性，与被管理者共同开展学校德育管理工作。我国始终坚持民主集中制和党的群众路线工作作风，这同样也适用于学校德育管理。在学校德育管理过程中，管理者应该明确自己是为师生服务的公仆，而不是主宰，切忌将自己当成主宰者，应该以贯彻民主性为基础和师生共同开展德育活动，相互促进，激发彼此的能动性，进而通过管理，促进完成德育教育。

贯彻民主性原则，应该做到以下四点。

（1）发扬民主精神，以群众为依托结合群众意见，开展德育管理工作。德育工作开展过程中，管理者要积极了解群众意见，听取群众建议，整理分析后合理采用群众建议，依托群众改进、完善德育管理。

（2）学校德育管理可以吸收学生家长和社会力量。学校德育的建设离不开家庭和社会的影响，学校德育管理可以动员家长和社会共同参与。

（3）学校德育管理应该给师生创造参与条件，师生不仅是学校管理的管理对象，也是管理的支配者。学校德育的开展需要师生和管理者共同参与，所以学校德育管理应该给师生创造参与条件。

（4）德育管理可以积极动员学生力量，组建学生组织，实现学生之间的自我教育管理。学校学生数量过于庞大，管理人员数量相对少之又少，因此，如果想实现全面管理，必须动员学生力量，在符合管理规定的基础上，发展、建立、完善学生组织，比如，学生会、共青团学生组织等。通过学生组织的建立对全校的学生开展活动教育、思想教育，实现学生之间的自主管理，让学生成为管理的主要力量。

4. 规范性原则

顾名思义，规范性就是要求在德育管理中做到照章办事。当章程或规则形成后，管理者及被管理者都要遵循既有的规定，不能逾矩。而规则本身也要体现出科学化、人性化的特征，使其能够被广泛接受而不引起普遍的反感。要做到这一点，必须要遵循以下原则。

首先，建立完善而合理的制度。要想照章办事，那么最基本的就是先确定章程，然后才有按照章程推进管理的可能。好的章程应当科学、公正、有人情味。当然，章程的确定除了要遵循一定的原则以外，还要遵循党和国家相关的方针和政策，遵循社会普遍形成的良好规范，遵循公序良俗，并因校制宜，积极探索适宜本校发展情况的章程。

其次，构建尊重规则的校园氛围。管理者应看到校园氛围对遵守规范的重要影响。校风是在长期的实践中逐步建立起来的，是浸润全校的风气。身处校园中的每个人都深受校风影响。因此，德育管理者应当充分认识到校风对校园行为和观点的深刻影响，充分发挥自身在校园氛围营造、校园风气形成过程中的重要作用，帮助校园形成有助于德育管理的校园风气，进而促使每个校园中的人自觉地去遵守规则，维护规则。

最后，坚持行为导向原则。必须从规范全校人员行为入手，进行规范化教育。只有使全校师生都形成遵循规范的良好行为习惯，制度才能深入到校园的每个角落。当然，规范的制定也有章可循，不同的群体有不同的遵循主体。比如教师群体，其规范主要依托于国家现有的法律法规以及国家和社会对教师的道德要求。而学生群体要遵循的规范就相对单一，主要是教育部门规定的针对学生的行为规范。只要校园里每个人的每个行为都符合特定的教育行为规范，每一项设施的每一个标准都符合国家相关建造规范和使用规范，那么行为导向原则就可以得到贯彻，促使规则化意识深入到每个人的每个行为中。

5. 整体性原则

整体性就是把学校德育教育当作一个整体，看成一个系统，将学校德育教育的各个要素，按照一定标准分类组合，建立联系，形成一个系统。从整体上处理系统的各种联系和矛盾。事物的存在都是对立统一、相互联系的。学校德育系统也不例外，德育的各个因素之间，也是对立统一、普遍联系的。所以，对德育有关的因素以及德育自身和外部之间的联系、矛盾，都应该从整体上联系解决，遵循整体性原则。

贯彻整体性原则，需要遵循以下四点。

（1）将学校德育看成一个整体，结合社会对学校德育整体的影响，有效处理学校德育教育和社会之间的联系和矛盾。学校德育存在于社会环境的发展和变化中，德育及其管理会受到社会的变化影响。与此同时，学校德育和管理应该及时根据社会的变化调整德育的发展目标、发展要求、教育方法、内容、方式。除此之外，还要控制对德育造成的不良影响的社会因素，更重要的是，应该培养学生良好品德来改善社会不良风气，带动社会风气向良好方向发展。

（2）学校德育工作需要整体统一指挥，各部门分工合作。首先，德育活动需要管理者具有整体思维，全方位地衡量德育活动，合理有效地组织分配工作。其次，学校需要建设有力的行政指挥体系，发挥整体指导作用，把整体德育工作合理有效地分配给各个部门。除此之外，各个部门要有有力的执行能力，对学校管理者分配的任务，努力贯彻执行发挥组织部门的能动性。最后，各部门需要协调合作共同完成德育目标，与此同时，还要检查自己的工作，通过严格要求自身和其他部门密切合作，整体提高德育的工作质量和效率。

（3）具备全局意识。将学校视为一个整体，将德育教育视为推动学校教育全局发展的重要一环，从大局出发，立足全局，正确处理、管理过程中出现的各种问题。要做到这一点，不但要对大目标有清晰完整的认识，还要立足学校实际，此外，还应具备一定的方式方法，积极调动有生力量全力配合，围绕总体目标的实现互相合作，求同存异，坚决制止互相推诿、踢皮球现象的出现。

（4）正确安排影响德育管理发展的各要素。校园无异于一个小社会，其中的人事、财务、设施、氛围，每个因素都会对德育管理形成影响。这就需要管理者对这些因素进行统筹安排，同时兼顾不同员工、不同学生实际需要的内在诉求，积极协调，使整个校园劲往一处使，齐心协力地为实现德育管理的目标努力。特别是当校园资源有限时，更要尽力做好平衡，使有限的资源发挥最大的效果。

三、学校德育管理实施策略研究

（一）学校德育管理的计划和总结

1. 确定学校德育目标

在实施德育管时，首先要确立明确的目标，因为德育管理的终极目的就是实现这个目标。在目标确立后，学校应以实现目标为基础，结合学校以及学生的实际情况制订详细的行动计划，使整个学校有条不紊地朝着既定的步骤向目标前行。当然，在这一过程中始终要牢记，学生是德育的根本对象。因此，对学生有彻底的理解是制定出合理的德育目标的基础。而不同类型的学校往往有不同的教育目标以及不同类型的学生群体，这就形成了多样化的教育目标、德育目标。另一方面，对国家和社会来说，这些德育目标和教育目标又都有相似之处，因此如何处理这些目标之间的关系就显得非常重要。在处理这些复杂关系时，大致要遵循一个原则：在总教育目标和德育目标的指导下，因校制宜制定本校的教育目标和德育目标。需要注意的是，在制定本校目标的时，既要立足实际也要适度超前，让目标既有可实现性又不至于毫无挑战性，由此才能激发师生们的拼搏精神。最后，制定目标绝不能是领导的一言堂，应该要听取广泛的民主意见，提高全校人员对目标制定的参与度。

2. 制订学校德育计划

开展德育活动需要制订德育计划。德育计划制订的目的是贯彻党和国家的教育方针，实现德育教育，所以德育计划是指为完成德育目的所采取的工作步骤、工作方法、工作措施的总和。也就是说，德育计划是学校管理者为实现德育目标所做的行动选择。制订德育计划必须合理，计划必须有实施性，应该结合学校的具体情况合理设计各个环节，确保实现德育目标。

德育计划的大致内容如下。

（1）学期（或学年）计划。学期（或学年）计划指的是整个学期的整体规划，应该在学期开始前制订学期（或学年）计划，制订的具体内容应该涵盖学生的基本情况，学习的德育任务、内容、要求、需要采取的德育措施和德育活动开展的时间安排。

（2）月（或阶段）计划。月（或阶段）计划指的是学期内每个月（或阶段）的德育计划，该计划制订的具体内容应该涵盖教育主题、具体活动名称、具体活动内容、活动所需准备工作，以及活动负责人、活动时间安排等。

（3）德育活动计划。德育活动计划是德育活动的具体规划。应该在活动开展前，制订德育活动计划，具体内容应该涵盖活动的举办单位、举办名称、活动目的、活动形式、活动内容、活动时间安排、活动负责人以及活动的具体时间、具体地点、活动进度等。德育活动具有一定规律性、系统性和稳定性，在学校教学的特定时间点都要举行相应的德育活动，比如开学初，教师节、五一劳动节、六一儿童节、十一国庆节、中秋节等重大节日都需要进行相关内容的德育教育，德育教育长此以往、年复一年形成了规律性，也渐渐制度化。

制订德育计划需要做到以下几点要求：首先制订德育计划需要结合具体情况、具体实际，要认真研究学校的类型、学生的特点、学校的教育目标，结合学校特性，制订德育教育计划，目的是使德育计划符合学生品德实际需求，为学生制订科学、合理、综合提升品德的德育计划;其次,德育计划需要合理安排德育工作分工,对不同部门提出不同任务、要求,并将所有任务具体落实到各个部门以及个人;除此之外,要明确工作进度,在制订计划时明确确定计划完成的时间;再次,德育计划进行过程中,要经常进行监督检查,综合德育成绩,寻找德育问题,在发现问题的基础上,总结经验吸取教训;最后德育计划,必须要民主,要听取干部、学生、教师各方面的意见,不断地进行完善。

3. 组织开展学校德育活动

校园是德育教育的关键阵地,校园活动是德育教育的关键手段。因此,学校必须用有效的手段对学生进行德育教育,以期达到良好的德育效果。当然,开展这一活动并不是拍脑袋的过程,必须要在事前做好准备,同时根据实际情况的变化及时调整目标。具体而言,好的活动应当具备以下特质。

首先,具备明确的目标。毫无疑问,达成既定目标是衡量一个德育活动是否成功的根本标准。因此,德育活动的行动或标准都应当从达成德育目标为准绳开展,并在此基础上对涉及德育活动的因素进行考量与安排,使其能够沿着既定目标走下去。

其次,德育活动的内容设计要科学。这里的科学有多重含义,既指德育活动必须保证有科学的方向,即顺应社会主义发展的方向。还指德育活动必须符合德育对象的实际情况,用科学的理论指导,并增加能够吸引德育对象积极参与的内容。由此,学生才能得到真正系统的德育教学。

再次,德育活动应该坚持德育原则,选择合适的德育方法和组织形式。任何活动的开展,都应该有活动原则,德育活动也不例外。在开展德育活动时,应该围绕德育原则,注意德育活动方向是否偏离、是否具有针对性、是否连贯一致、是否具有疏导性、集体性;除此之外,还应该注意选择德育方法和组织形式,在德育活动教学过程中,既可以采用室内的教学模式,也可以选择户外的活动模式,学生组织模式或社会实践模式等,也可以结合多种模式开展活动;同一种活动形式可以采取不同的组织形式,可以是组织文体活动组织辩论活动、体力竞赛,或 DIY 活动。

最后,德育活动的过程应该组织连贯、紧凑有序。开展德育活动应该遵循以下三点:第一,应该明确德育动机,来开展德育活动;第二,明确德育活动动机后,应该提高对德育的认识,陶冶德育情操,锻炼意识意志,养成德育行为习惯,每个环节步骤间应该紧密连接从容有序;第三,全面认识品德知、情、意、行,在德育培养过程中,侧重对学生培养这四个方面,促进学生德育全方面和谐发展。综上所述,德育的开展离不开明确的动机,也缺不了德育环节的精心设计和环环相扣。科学合理地安排德育过程，紧凑有序地开展，合理地协调资源与人力，可以帮助德育活动顺利进行。

4.进行检查和总结

《论语》中有："吾日三省吾身"。在校园的德育管理中，德育管理者也要遵循这一原则，不断地反思自己的管理效果，检查自己的管理质量，总结自己在管理中的得失。由此，能够对管理的质量、管理的经验和规律总结有更深的认知。只要勤于检查，就能够对管理过程中出现的问题进行及时纠正、解决，并对管理过程中的正面现象予以及时鼓励，从而大幅提高被管理人员接受德育教育的积极性。勤于总结能够从更深入的层面思考德育管理的更加深入的问题，能够从更长远的角度把握德育管理的发展方向，以更具预见性的方式规定德育管理的前进道路，尽可能地摆脱短期利益的绑架，从而实现德育教育的长远发展。

开展德育工作、提高德育效果效率，离不开检查与总结。具体包括以下几方面：首先，时间点的总结，具体有平时性、阶段性、学期、学年、年终性；其次，事项总结、具体有全面事项总结、专题性、经验性、多项性、单向性；再次，有人员总结，具体有领导者、管理者的自我总结和检查、组织和各部门人员的自我总结和检查。在德育工作的检查和总结中，这些类型可以单独使用或综合使用。

在检查和总结的过程中，需要注意以下三点：首先，端正态度，明确检查和总结的目的，动员群众积极参加检查和总结，领导者和管理人员应该结合群众的检查总结，认真落实检查总结工作，拒绝形式主义；其次，开展检查和总结工作，需要提前通知明确开展目的、有关内容，并且依照德育发展目标，公平、公正、公开地进行检查和总结，嘉奖德育工作的有效成果，指正和指导德育工作的不足；最后，结合检查过程与总结过程，综合分析德育教学过程中的问题，重点是要找出问题、总结经验、吸取教训。

(二) 学校德育管理的管理人员及其素质要求

(1) 副校长。校长作为学校行政的总负责人，将学校德育管理工作委托给副校长，副校长作为受委托人，应该认真负责的领导全校的德育工作。

(2) 教导(或德育)主任。主管德育的教导(或德育)处是德育工作具体执行部门，主要负责完成主管德育工作的副校长所交代的工作。在副校长的领导指导下，教务(或德育)主任负责具体开展实施工作。

(3) 团委书记。团委书记是学校共青团组织部的负责人、领导人，受学校党组织和学校上级团委的领导，在党组织和上级团委的指导下，开展本校共青团团员和少先队队员的工作。

（4）大队辅导员。大队辅导员是学校少先队员的负责人、领导人，负责开展大队委员会工作以及举办活动，是少先队员的亲密朋友和伙伴。大队辅导员的职责是完成团委的指派任务和学校的团组织工作计划，指导帮助少先队员开展活动。

（5）年级组长。年级组长是年级工作的总负责人，在德育工作开展的角度来看，年级组长负责完成学校分派的德育工作，按照德育工作要求，结合本年级学生的实际情况，具体实施德育工作，领导、指导德育工作。

（6）班主任。班主任的主要职责是负责管理一个班级的学生教育和教学工作，在德育工作开展的角度来看，班主任的职责是负责完成学校交代的德育工作计划，结合本班级学生的真实德育情况和特点，完成本班学生的德育教学工作。

学校各级德育负责人应该具备以下素质：首先，应该具有事业心和责任感，对自己的工作全心全意付出，对学生百分百关爱负责；其次，应该具备管理和教学能力，无论是在思想上认识上，还是组织能力上都应该胜任其职位，有开展德育工作的业务能力，并在思想理论水平上也要有一定的建树，深刻了解、认识德育教学工作理论和经验；最后，要有良好的工作态度，对同事团结友爱，对学生民主热情，对工作热心尽力。

(三)学校德育的制度管理

学校德育应该实行民主管理，并与制度管理密切结合起来，这是学校德育管理的基本方法。由于民主管理问题在阐明德育管理的民主性原则时已经涉及，这里仅就制度管理问题做些简要说明。学校德育管理应该制度化，并通过和运用制度进行德育工作和管理。学校德育是有规律可循的。把学校德育工作的科学方法和手段加以总结概括，使之形成科学、健全的制度，能使德育及其管理工作更加科学、规范、有序地进行，保证德育工作质量和取得更大的成效。

在德育工作的开展及管理中，应该建立有效的制度。建立制度可以从三方面出发：第一，从领导的角度出发，建立岗位责任制目的是确保学校、各级德育的负责人能够在其位尽其力；建立会议制度目的是确保德育工作的有效研究、确定、执行；建立考核评估制度，对各级组织负责人开展的德育工作进行检查、评估、考核。第二，从学生的角度出发，应该制定学习管理制度，比如学生行为守则、行为规范、学籍管理、出勤制度、考试制度、公共设施使用制度；建立生活管理制度，比如宿舍规定、食堂守则、作息时间、礼貌品德道德评价等。第三，从制度的有效性角度来看，建立奖惩制度和约束制度。

建立、健全学校德育管理规章制度应该做到：首先，制度要求适当、内容正确、有明确的目的性、条款清楚便于理解；其次，制度的建立必须有相应的检查和奖惩措施，具体落实措施来执行；与此同时，学生与教师制度的建立应该是共同的，要求也应相对应；最后，建立规章制度要积极听取民众意见，强调民主性，只有建立在民主的基础之上规章制度才能被认可、被执行。

1. 约束性制度

约束性制度是对教师和学生的行为具有约束性的制度。对于教师，约束性制度包含师德规范、请示汇报制度；学生的约束性制度包括学习守则、学生规范、生活制度等。除了约束性制度外，还有禁止制度，比如禁止考试作弊等。有约束性制度就会相应有惩罚制度，一旦师生违背了约束性制度，轻者受到批评教育，重者受到纪律惩处。建立约束性制度的主要目的在于约束学生和教师的行为，防止学生和教师出现行为偏差，并反向促进教师与学生积极上进。建立约束性制度需要结合师生的基本道德水平，还要与说理疏导结合，在以制度为保障的条件下，进行有效思想疏导，帮助学生更好地理解和遵守约束性制度。除了遵守制度之外，还要维持制度的尊严和严肃性。最后制度需要严格执行。

制订规章制度，使人们有章可循，这是前提，但更为重要的是执行，真正发挥它的教育管理作用。要在说理疏导、启发教育为主的原则下，严格执行规章制度，任何人违反了学校制度，就要受到批评，严重的则应给予纪律处分。解决思想认识问题主要应采取说理疏导、启发自觉的方法，但它并不能解决一切问题，特别是对行为问题，管理、纪律以及对违章、违纪行为的惩处在任何时候都是必要的、不可缺少的。执行纪律，进行惩处，它本身也是一种教育手段，可起到警醒人们思想，警诫人们行为的作用，使说理疏导取得良好的效果。

对于学生的处理，由于身体或学习成绩不及格等原因，在学籍管理方面受到留级、退学、肄业处理的，这属于学校行政管理范围，因为品德行为方面违反校纪而受到学校处分的，这属于德育管理范围。这两种处理在性质上是有区别的，但要做好说理教育工作。对于执行制度，进行纪律处分，应该旗帜鲜明，是非清楚，但要目的明确，客观公正，适当及时，对于处分要慎重，要留有余地，发现处理错了要及时纠正。

2. 激励性制度

学校德育教育和管理工作需要激励制度。激励制度可以为教师和学生树立德育榜样，通过树立德育榜样，引领教师和学生向榜样学习，树立自觉意识，积极向榜样靠拢。激励性制度的运用是奖励机制，在评选优秀榜样时，应该以高标准严要求进行评选；评选标准要具有时代特征；评选过程要结合实际实事求是；并要遵循民主评选原则；除此之外，评选奖励应该结合物质与精神两种方式，以精神奖励为主，物质奖励为辅；建立、评选激励性制度的全过程要以引导教师和学生积极努力向上奋斗发展为目的；激励性制度的实施需要领导者做榜样，言传身教。

参考文献

一、著作类

[1] 关北光，毛加宁. 体育教学设计 [M]. 成都：西南交通大学出版社，2016.

[2] 桂捷. 高校德育与心理健康教育研究 [M]. 沈阳：东北大学出版社，2018

[3] 胡厚福. 德育原理 [M]. 沈阳：辽宁大学出版社，2000.

[4] 贾玉芝. 基于培养学生核心素养的德育教育的实践与创新 [M]. 沈阳：辽海出版社，2019.

[5] 李平，刘宇星，黄佑琴. 大学体育与健康教育 [M]. 北京：中国经济出版社，2007.

[6] 李鹰. 体育教学方略 [M]. 上海：上海教育出版社，2012.

[7] 赵洪明，张力彤，吕然. 大学体育实践教程 [M]. 北京：国防工业出版社，2014.

二、期刊类

[1] 蔡泽寰，詹杏芳. 新时代高职德育的价值维度和发展方向 [J]. 职业技术教育，2020（4）：23-28.

[2] 曹英，尹海. 学校体育教学自组织控制理论与改革尝试 [J]. 教学与管理（理论版），2019（9）：92-94.

[3] 陈利，武东海. 共建共治共享理念下区域高校体育教学联盟协同发展机制研究 [J]. 广州体育学院学报，2019，39（5）：22-25.

[4] 陈小青. 体育课堂隐性管理的意向性结构分析 [J]. 教学与管理（理论版），2019（10）：97-99.

[5] 冯仰生. 国外高校德育地位、目标与实施途径研究 [J]. 江苏高教，2019（10）：113-116.

[6] 高嵩，黎力榕. 智慧体育教学环境建设发展趋势研究 [J]. 广州体育学院学报，2019，39（4）：121-124.

[7] 郭冬柏. 新时期高校体育教育的发展策略探究 [J]. 福建茶叶，2020，42（3）：159.

[8] 郭金明．通识教育视角下中国体育教学创新——评《体育教学新论》[J]．高教探索，2019(9)：1.

[9] 过筱，石伟平．改革开放40年我国职业教育德育政策的演变与特点[J]．教育与职业，2019(1)：70-75.

[10] 韩锋．高校德育实践经验与发展路径探析[J]．黑龙江高教研究，2019(11)：106-109.

[11] 胡悦，侯会生．基于翻转课堂的大学体育教学改革研究[J]．体育文化导刊，2019(7)：76-80.

[12] 黄道平．构建新时代高职院校德育工作体系[J]．学校党建与思想教育，2019(24)：7-9.

[13] 黄武．艺术教育在"立德树人"中的独特价值及有效发挥[J]．福建茶叶，2020，42(3)：108-109.

[14] 李东，赵婉莉．基于创新的高校德育理论与实践成果转化——《艺术教育视域中德育创新探索》[J]．高教探索，2019(4)：10.

[15] 李锋．着眼体育教学技能理论增强体育教学技能训练——评《体育教学技能训练》[J]．当代教育科学，2019(6)：2.

[16] 李燕．现代教育信息技术与体育教学的融合——评《体育教学的信息化教学理论与实践研究》[J]．中国科技论文，2019，14(10)：15.

[17] 李站平，刘艳娥．拓展大学体育的教学空间——手机APP与大学体育教学融合发展的效用研究[J]．内蒙古师范大学学报(教育科学版)，2019，32(9)：120-124.

[18] 李长春．新时期高校体育信息化教学探究——评《现代体育教学改革与信息化发展研究》[J]．中国科技论文，2019，14(12)：6.

[19] 梁日忠．积极心理学在体育教学中的运用研究——评《体育心理学》[J]．云南财经大学学报，2019，35(6)：2-3.

[20] 刘聪，彭贻海．信息化时代高校体育理论教学研究——评《信息化时代体育教学思维转变及其改革发展探索》[J]．中国科技论文，2019，14(12)：7.

[21] 刘宏亮，牛建军，刘永．基于自组织理论的体育教学系统发展研究[J]．山东体育学院学报，2019，35(5)：84-89.

[22] 马军．体育教学技能的理论研究与实践——评《体育教学技能实训教程》[J]．中国成人教育，2019(12)：3.

[23] 曲庆玲．普通高校体育课程教学改革的创新与构思应用[J]．福建茶叶，2019，41(11)：144.

[24] 施璐，王硕 . 多元智能理论对高校体育课教学新启示 [J]. 福建茶叶，2019，41(6)：132-134.

[25] 谭旭红，孙彦雷 . 中华优秀传统文化与高校德育教育融合的途径 [J]. 继续教育研究，2019(2)：50-53.

[26] 王桂香 . 体育教学的多元化功能与实现途径——评《体育教学功能解析与实现途径研究》[J]. 云南财经大学学报，2019，35(3)：2-3.

[27] 王哲 . 思想政治教育形态研究述评 [J]. 湖北社会科学，2020(2)：143-149.

[28] 徐娟 . 大学生道德情感教育的主体维度探析 [J]. 大学教育科学，2019，6(6)：45-50.

[29] 姚尧，智亚卿 . 让德育课程成就幸福——从德育价值观视角审视我国德育课程的发展 [J]. 现代中小学教育，2020，36(2)：14-17.

[30] 尤黎黎 . 学生体质健康测试对体育教学的影响研究 [J]. 福建茶叶，2019，41(9)：246.

[31] 张茂聪，刘含宇，侯洁 . 落实立德树人任务 优化德育理论实践——兼论具身德育的内涵及其发展逻辑 [J]. 中国特殊教育，2019(12)：12-18，96.

[32] 赵富学，程传银，尚力沛 . 体育学科核心素养研究的问题及其破解之道 [J]. 体育学刊，2019，26(6)：88-93.

[33] 朱金融 . 中美高校德育实施方式比较研究 [D]. 沈阳：沈阳农业大学，2016：47-53.